돼지가
철학에 빠진 날

THE PHILOSOPHY FILES
BY STEPHEN LAW

돼지가 철학에 빠진 날

스티븐 로 지음 | 오숙은 옮김

김영사

옮긴이 오숙은

서울대학교 노어노문학과를 졸업하고 브리태니커 백과사전 편집실에서 일했다.
현재 전문 번역가로 활동하고 있다. 옮긴 책으로 《세상과 나 사이》《위작의 기술》《문명과 전쟁》(공역)
《식물의 힘》《공감 연습》《게으름 예찬》《우리가 간직한 비밀》《리커버링》《등대지기들》
《거기 눈을 심어라》《술》 등이 있다.

돼지가 철학에 빠진 날

지은이_ 스티븐 로
옮긴이_ 오숙은

1판 1쇄 발행_ 2001. 7. 13.
1판 38쇄 발행_ 2024. 11. 11.

발행처_ 김영사
발행인_ 박강휘

등록번호_ 제406−2003−036호
등록일자_ 1979. 5. 17.

경기도 파주시 문발로 197(문발동) 우편번호 10881
마케팅부 031)955−3100, 편집부 031)955−3200, 팩스 031)955−3111

값은 뒤표지에 있습니다.
ISBN 978−89−349−0635−3 43100

홈페이지_ www.gimmyoung.com   블로그_ blog.naver.com/gybook
인스타그램_ instagram.com/gimmyoung   이메일_ bestbook@gimmyoung.com

좋은 독자가 좋은 책을 만듭니다.
김영사는 독자 여러분의 의견에 항상 귀 기울이고 있습니다.

차례

중대한 질문들을 던지기 전에

나는 지금 산에 오른다.

내가 등산을 좋아하는 이유는 내 친구가 올라오는 동안 이렇게 앉아 밧줄을 풀거나 감으면서 경치를 보며 생각할 수 있기 때문이다.

무슨 생각을 하냐고? 모든 것이 내려다보이는 높은 곳에 있으면 세상을 보는 관점이 사뭇 달라지기도 한다. 보통은 나날의 생활에 얽매이기보다는 이런 질문을 생각하게 된다. 우주는 어디에서 생겨났을까? 죽은 후의 삶이 있을까? 신은 존재할까? 옳고 그름을 가르는 건 무엇일까? 그리고 내 생활이 아예 꿈은 아닌지?

이런 것들은 '철학적인' 질문이다. 인류가 던져온 질문 중에서도 가장 중대하고 흥미로운 질문들. 인류는 수천 년 동안 이런 질문을 붙들고 고민해왔다.

여러분도 이런 질문을 해보았는지? 그렇다면 이 책을 꼭 읽어야 겠는걸!

물론 이런 질문을 비롯해 여러 가지 철학적 질문들에 대한 답이 여기 있다고 외치는 종교서들도 있다. 그러나 이 책은 종교서가 아님을 알아두기 바란다. 이건 철학책이다. 여러분이 스스로 질문하고 알아내도록 이끌어주는 책이다.

이 책은 모두 8개의 장으로 이루어져 있다. 각 장마다 서로 다른 철학 질문을 다루고 있다. 굳이 처음부터 읽을 필요는 없다. 맨 먼저 여러분의 관심을 끄는 질문을 좇아 아무 장으로나 건너뛰어도 좋다.

다만 철학에서 중요한 건 여러분 스스로 생각하는 것임을 기억하기 바란다. 당연한 얘기지만 내 의견에 모두 동의할 필요는 없다. 실제로 내가 실수했거나 군데군데 잘못 판단했을 수도 있으니까.

철학적 질문이란 대개 생각만 해도 끔찍한 것일 수 있다. 그래서 어떤 사람들은 아예 그런 질문을 떠올리는 것조차 싫어하고 안정감을 주는 곳에 머물고 싶어한다. 그러나 여러분이 나와 비슷하다면 철학적인 사고가 가져다주는 도전과 짜릿함, 아찔함을 즐

기게 될 것이다.

　자, 그럼 생각이 끝간 데까지 여행할 준비를 하도록. 이제 시간이 됐으니까…, 철학의 문이여, 열려라!

돼지가 철학에 빠진 날

1장
나는 어디에 있을까?

마틸다 이모

우리 마틸다 이모를 소개한다.

보다시피 마틸다 이모는 나이가
많다. 일흔다섯 살이니까. 세월이
흐르면서 이모는 참 많이 변했다. 물
론 신체적으로 변했다는 얘기다. 한때
는 갈색 머리였는데 지금은 백발이다.
또 지팡이와 안경이 없으면 꼼짝을 못
한다. 아주 오래 전, 아기였을 때의
마틸다 이모는 몇 킬로그램밖에
나가지 않았다. 지금은 80킬로그램이 넘는다.

아래는 마틸다 이모의 앨범이다.

이 앨범을 보니 내가 말한 신체적 변화가 한눈에 들어오지?

당연히 마틸다 이모는 정신적으로도 변했다. 세월이 흐르면서
이모의 기억 용량은 늘어났다. 반면 많은 걸 잊기도 한다. 어릴 적
이모의 지능과 성격은 아주 빠른 속도로 발달했다. 지난 몇 년 동안

에도 성격은 조금 바뀌었다. 그래서인지 낱말맞추기를 다 풀지 못해도 옛날처럼 화를 내지 않는다.

그러나 그동안 마틸다 이모한테 일어났던 모든 신체적 심리적 변화에도 불구하고 저 사진 속의 인물은 여전히 똑같은 한 사람이다. 모두가 마틸다 이모다.

개인의 동일성

이런 질문을 생각해보자. 두 살, 다섯 살, 열 살, 스물다섯 살, 쉰 살, 그리고 일흔다섯 살 된 지금의 마틸다 이모를 똑같은 한 사람으로 묶어주는 건 무엇일까? 무엇이 이들을 한 명의 똑같은 사람으로 '만드는' 걸까?

이것이 '개인의 동일성'에 관한 질문이다. 우리가 알고자 하는 것을 좀더 일반적으로 말하자면, '한 개인의 동일성은 기본적으로 무엇에 있을까?' 이것은 철학자들이 2000년 동안 물어온 질문이다. 읽어보면 알겠지만 이 질문에 대답하기는 아주 힘들다.

혹시 이 질문의 답은 뻔하다고 생각하는 사람이 있을지도 모르겠다. 어쨌거나 사진 속의 두 살, 다섯 살, 열 살 등등의 인물들은 모두 '살아 있는 똑같은' 신체를 지니고 있으니까.

물론 이것이 그 때마다 '똑같은 물질 덩어리'라는 말은 아닐 것이다. 마틸다 이모의 몸에 있는 물질은 나이가 들면서 변했다. 각각의 생체는 수많은 세포로 이루어져 있으며 이 세포는 점차 새로운 세포로 교체된다.

그러나 이런 변화를 거치면서도 똑같은 그 생체 조직이 계속된다. 바로 이것이 개인의 동일성을 결정한다고 볼 수도 있다. 두 살, 다섯 살, 열 살 등등의 사람을 모두 하나의 똑같은 사람, 마틸다 이모로 만들어주는 건 바로 이들 모두가 살아 있는 똑같은 신체를 지

10

넜다는 사실이라고. 지금까지 마틸다 이모는 그 하나를 지니고 있다고.

하지만 이 '분명한' 대답이 맞다는 생각은 별로 들지 않는다. 사실 내가 상상한 다음 경우에 비춰볼 때 그 대답은 틀린 것 같다.

두뇌가 바뀐 경우

프레드와 버트이다.

프레드와 버트는 마을 반대편에 사는데 서로 만난 적이 없다. 프레드는 빨강머리이고 키가 170센티미터에 마른 편이다. 버트는 대머리이며 195센티미터의 키에 뚱뚱하다. 또 의족을 하고 있다.

어느 날 밤, 화성인 블립과 블롭이 프레드가 잠든 사이 그의 집에 침입했다. 이들은 프레드에게 약을 먹었다. 그러고는 고도로 발달한 화성의 의술로 프레드의 머리 윗부분을 도려냈다. 이들은 복잡한 스캐닝 도구를 이용해 프레드의 두뇌가 신체의 나머지 부분과 어떻게 연결되어 있는지 정확히 기록했다. 그리고 두뇌를 꺼냈다.

그 다음 블립과 블롭은 비행접시를 타고 프레드의 두뇌를 마을 반대편으로 가져갔다. 이들은 거기서 다른 두 명의 화성인 과학자 플립과 플롭을 만났다. 플립과 플롭이 버트에게 똑같은 수술을 한  뒤였다. 이들 두 화성인 팀이 두 개의 두뇌가 원래 연결되어 있던 상태에 관해 정보를 교환했다. 그후 플립과 플롭은 프레드의 집으로 날아가 버트의 두뇌를 프레드의 몸에 이식했다. 블립과 블롭은 프레드의 두뇌를 버트의 몸에 이식했다. 이들 화성인들은 각각 프레드와 버트의 두개골을 도로 이어붙이고 머리가죽을 붙여 꿰맸다. 그리고는 특수 기술을 이용해서 흉터가 보이지 않도록 말끔히 치료했다. 마지막으로 화성인들은 두 집에 왔다 간 흔적을 모두 없애버렸다. 그리고 지구를 떠났다.

다음날 아침. 프레드의 침대에 있던 사람이 깨어나 주위를 둘러본다. 그는 자기가 어디에 와 있는지 궁금하게 여긴다. '여긴 내 방이 아닌데.' 거울 앞을 지나치다 힐끗 자기 모습을 본다. 충격! 전혀 딴사람 같다. 분명히 뚱뚱했던 것 같은데 지금은 홀쭉하다. 키는 195센티미터였는데 지금은 170쯤 되는 것 같다. 틀림없이 대머리였다. 그런데 지금은 숱이 많고 밝은 빨강색이다. 생각해보면 눈도 갈색이었는데 파란색으로 변했다. 또 의족을 하고 있었는데 두 다리 모두 정상이다. "내가 어떻게 된 거지?" 그는 스스로에게 물어본다.

문 두드리는 소리. 프레드의 몸을 한 사람이 문을 열러 간다. 우체부다. "안녕하세요, 프레드." 우체부가 말한다. 우체부는 그를 프레드라고 생각한다. 자기 앞에 있는 건 프레드의 몸이니까. 그러나 프레드의 몸을 한 사람은 이렇게 대답한다. "난 프레드가 아녜요! 난 버트라고요! 대체 뭐가 어떻게 된 거야?"

물론 버트의 집에서 잠을 깬 사람도 똑같이 놀란다.

프레드와 버트는 어디로 갔을까?

여러분들 스스로 물어보자. '프레드와 버트는 어디로 갔을까?'

이 이야기를 생각하면 결국 프레드는 버트의 몸을 하게 되었고 버트는 프레드의 몸을 하게 되었다고 하는 게 맞을 것이다. 프레드와 버트는 몸이 뒤바뀌었다. 그래서 프레드의 몸을 한 사람은 버트의 두뇌를 가지게 되었다. 그래서 그가 지닌 기억은 모두 버트의 것이다. 또한 그의 성격적 특성도 모두 버트의 것이다. 고기 파이를 좋아하고 고전 음악을 싫어하고, 성미가 급하고 약간 비열한 것 등등도 모두 버트의 것이다. 심지어는 자기가 버트라고 믿기까지 한다. 그렇다면 프레드의 몸을 한 그 사람은 분명 버트라는 말이다. 버트라는 존재에서 중요한 것은 모두 지니고 있으니까.

이제 원래 질문을 생각해볼까? 이 두 살짜리 아기와 이 열 살의 아이, 이 스물다섯의 아가씨, 그리고 이 일흔다섯의 노인을

똑같은 한 사람으로 만들어주는 건 무엇일까? 우리의 첫 번째 대답은 이들 모두가 살아 있는 똑같은 몸을 지니고 있다는 사실이었다. 마틸다 이모가 지금까지 지니고 있는 그 몸뚱이 말이다. 그러나 이제 '그건 옳은 대답일 수 없는' 것 같다.

두뇌가 바뀐 경우가 보여주는 것은 사람이 반드시 그 몸을 따라갈 필요는 없다는 사실이다. 두뇌가 바뀐 경우, 프레드는 몸이 바뀌었다고 따라서 바뀌지 않는다. 프레드는 버트의 몸을 하게 되었고 버트는 프레드의 몸을 하게 되었다.

물론 정상적인 생활에서라면 두뇌가 뒤바뀌는 일은 절대 없을 것이다. 사람들은 보통 자기 몸을 그대로 지니기 마련이다. 그러나 이 두뇌 바꿔치기의 경우는 적어도 사람의 몸을 바꾸는 것이 '가능하다'는 걸 보여준다.

마틸다 이모는 똑같은 몸을 지녀왔다. 그러나 꼭 그럴 필요는 없다. 언젠가 마틸다 이모의 두뇌가 다른 몸으로 옮겨진다면 결국 이모는 다른 몸을 지니게 될 것이다.

이의 제기

전부는 아니지만 이런 두뇌 바꿔치기 논증에 혹하는 철학자들도 일부 있다. 이들은 이 경우를 들어 개인의 동일성에 관한 한 어느 하나의 특정한 몸뚱이는 비본질적이라고 말한다.

하지만 여러분은 이 논증을 미심쩍게 생각할 것이다. 버트의 몸을 한 사람이 프레드라고 믿지 않을 수도 있으니까. 그 이유는 버트의 몸을 한 사람한테 진짜 프레드다운 점이 없을 수도 있기 때문이다. 아마 여러분은 이렇게 주장할 것이다. 프레드가 달리기를 아주 잘 했다고 해보자. 이를테면 올림픽 게임에서 금메달을 땄다고 말이다.

프레드에게 달리기는 삶의 전부였다. 그런데 버트의 몸을 한 그 사람은 자기가 아주 뚱뚱하며 굼뜨고 의족을 하고 있음을 발견한다. 달리기는 아예 못한다. 당연히 이런 사실은 그의 성격에 큰 영향을 미친다. 밝고 외향적인 성격 대신에 아주 우울하고 자포자기하는 성격이 될 수도 있다. 그렇다면 그는 진짜 프레드가 아니다. 왜냐하면 프레드는 밝고 외향적인 사람이니까.

그러나 내 생각은 그렇지 않다. 난 이것이 지금 버트의 몸을 한 사람이 프레드가 아님을 말해준다고 보지는 않는다. 물론 자신의 몸이 아주 딴판이라는 사실 때문에 프레드가 우울해질 수는 있다. 그러나 내가 보기엔 우울해하는 사람 역시 프레드다. 여기서 두뇌가 뒤바뀐 경우는 잠깐 잊어버리자. 그 대신 정상적인 상황에서 프레드가 한쪽 다리를 잃었다고 하자. 병에 걸려서 머리카락도 빠지고 갑자기 20킬로그램이 불었다고 말이다.

이것 역시 프레드를 아주 우울한 성격으로 만들 것이다. 그래도 그 사람은 분명히 프레드이다. 프레드가 아주 우울해진다고 해서 그 사람이 프레드가 아니라고 할 수는 없다.

물론 프레드가 이런 일을 겪는다면 우리는 프레드가 '더 이상 똑같은 사람이 아니다'고 말할 수는 있다. 우리는 '그는 예전의 그가 아니다'라고 할 것이다. 하지만 그렇다고 지금 우리 앞에 있는 사람이 프레드가 아니라는 뜻은 아니다. 그저 사람이 많이 변했다는 얘기지. 따져보면 프레드가 '예전의 그가 아니다' 라는 말은 우리가 아직도 그를 프레드로 인정한다는 뜻 아닌가?

결국 나는 이 이의에 동의하지 않는다. 버트의 몸을 한 사람이 아주 우울한 성격이긴 하지만, 예전의 프레드가 밝고 외향적이었다는 이유만으로 지금 버트의 몸을 한 사람이 프레드가 아니라는 걸 증명하지는 못한다.

브레인 스캐너

아직도 잘 모르겠다고? 어쩌면 이렇게 말할 사람도 있을 것이다. 몸은 개인의 동일성과 관련이 있지만 관련 있는 건 몸 전체가 아니라 일부에 불과하다고. 이 일부가 두뇌이다. 여러분은 프레드와 버트의 몸이 뒤바뀌었다는 건 동의할 것이다. 물론 두뇌를 바꾼 건 아니다. 프레드와 버트의 존재는 여전히 그 두뇌가 있는 곳에 있다. 그렇다면 두뇌가 뒤바뀐 경우가 그 사람이 누구인가를 결정하는 것이 두뇌가 아님을 증명하지는 않는다고 할 수 있다.

나는 두뇌가 뒤바뀐 경우가 그 사람이 누구인가를 결정하는 건 두뇌가 아님을 보여주지는 못한다는 말에 동의한다. 그러나 이 이야기를 살짝 바꾸면 어떨까? 만약에 그 화성인들이 두뇌를 바꾸지 않았다고 해보자. 대신 그들은 '브레인 스캐너(brain scanner)' 를 이용했다. 브레인 스캐너는 이런 기계다. 이 기계의 양쪽에는 두 개의

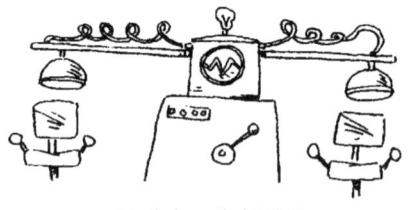

브레인 스캐너 MK1

16

헬멧이 달려 있다.

두 사람이 이 헬멧을 쓰면 기계는 이들의 두뇌 내부가 어떻게 엮여 있고 뉴런이 어떻게 연결되었는지, 화학물질은 어떻게 균형을 이루고 있는지 등등의 모든 정보를 정확히 기록한다. 이 정보는 그대로 기계에 저장된다. 그런 다음 단추를 누르면 이 정보를 이용해 한쪽 두뇌가 구성되어 있던 그대로 다른 쪽 두뇌를 재구성한다.

한 사람의 성격과 기억, 그밖의 심리적 특질은 그 두뇌가 어떻게 구성되었느냐에 따라 결정되는 것으로 보인다. 결국 브레인 스캐너는 두뇌의 구성방식을 바꿈으로써 이 모든 심리적 특질을 바꾸는 것이다.

그렇다면 블립과 블롭이 프레드와 버트의 두뇌를 바꾸는 대신, 간단히 이 브레인 스캐너를 이용한다고 해보자. 이들은 프레드의 두뇌를 버트의 두뇌가 구성되어 있던 대로 재구성했고 버트의 두뇌를 프레드의 것대로 재구성했다. 두 사람의 두뇌가 원래 자리에 그대로 있음을 명심할 것. 그냥 재구성한 것뿐이다.

블립과 블롭은 두 사람의 두뇌를 재구성함으로써 그 기억과 성격적 특질들을 바꾸어버렸다. 프레드의 기억과 성격적 특질은 그의 몸에서 버트의 몸으로 옮겨졌고 버트의 것은 프레드의 몸으로 옮아갔다.

브레인 스캐너 MK1

화성인들은 프레드와 버트가 의식이 없을 때 이 시술을 끝내고 프레드의 몸을 한 사람을 프레드의 침대에, 버트의 몸을 한 사람을 버트의 침대에 뉘어놓았다.

물론 그 결과는 두뇌가 뒤바뀐 경우와 똑같을 것이다. 이튿날 아침 프레드의 침대에서 잠을 깬 사람은 버트의 성격과 기억을 가지게 된다. 그리고 역시, 자신의 모습에 깜짝 놀랄 것이고 자신이 버트라고 생각할 것이다.

다시 이렇게 물어보자. 프레드와 버트는 어디로 갔을까? 분명 프레드는 버트의 몸으로, 버트는 프레드의 몸으로 갔다. 두뇌가 뒤바뀐 경우와 같다. 이것이 맞다면 '사람은 반드시 그 두뇌를 따라갈 필요는 없다'. 정상적인 이치대로라면 사람은 그 두뇌를 따라가게 된다. 그러나 사람이 두뇌를 포함한 몸 '전체'를 바꾸는 것이 가능해 보인다.

그렇다면 브레인 스캐너의 경우에서 볼 때, 한 사람의 동일성을 결정하는 것은 결국 그의 몸 또는 신체의 어떤 부분이 아니라 그와 관련된 기억과 성격적 특질이 아닐까?

사람은 밧줄 같다?

지금까지의 얘기를 정리해보면 이렇다. 개인의 동일성에서 문제가 되는 건 그 사람만의 기억과 성격적 특질을 가지고 있느냐는 것이다. 프레드의 몸을 한 사람을 버트로 만드는 것은 그가 버트의 기억과 성격적 특질을 가졌다는 점이다. 버트의 몸이 아니라는 건 중요하지 않다.

이것이 맞다면 마틸다 이모의 앨범 사진 속의 두 살, 열 살, 스물다섯 살, 쉰 살, 그리고 일흔다섯 살의 인물을 똑같은 한 사람으로 만들어주는 건 이들이 저마다 똑같은 기억과 성격적 특질을 지녔다는 사실이다. 이것이 이들 모두를 똑같은 한 사람으로 묶어준다. 사실 마틸다 이모는 살아 있는 하나의 몸을 평생 지녀오긴 했지만 그것 때문에 두 살, 열 살 등등, 앨범 속의 인물들이 모두 마틸다 이모가 되는 것은 아니다. 따져보면 프레드와 버트처럼 마틸다 이모가 다른 사람과 몸을 바꾸지 못할 이유는 없다.

물론 이 일흔 다섯의 할머니가

이 두 살짜리 아기와 똑같은 한 사람이 되기 위해

완전히 똑같은 기억을 가질 필요는 없다. 그건 웃기는 얘기다. 70대의 마틸다 이모가 지닌 기억에는 두 살짜리 마틸다가 아직 해보지 않은 일들이 많다. 또 경험했으면서도 까맣게 잊어버린 기억도 많다.

결국 개인의 동일성에서 중요한 것은 그 나름의 기억과 성격에 있는 일종의 '연속성'인 것 같다. 당연한 얘기지만 사람이 아주 똑같은 기억과 성격을 평생 지닐 필요는 없다. 하지만 적어도 부분적인 '겹치기'는 있어야 한다.

부분적인 겹치기란 이런 것이다. 사실 마틸다 이모의 기억력은 형편없다. 자기가 두 살 때, 심지어 다섯 살 때 일도 전혀 기억을 못

기억 못함

기억함　　기억함　　기억함

19

하니까. 그래도 열 살 때의 일 몇 가지는 기억한다. 이렇게 생각해 보자. 이모가 열 살 때에는 두 살 때의 일은 전혀 기억 못했더라도 다섯 살 때의 일은 기억했을 것이다. 그렇게 따지면 이모가 다섯 살 때는 두 살 때의 일 몇 가지는 기억했을 것이다.

결국 마틸다 이모는 두 살 때의 일을 전혀 기억하지 못하지만 부분적으로 겹치는 기억의 연속들이 지금의 마틸다 이모를 두 살짜리 마틸다와 이어주는 것이다.

어때, 마틸다 이모의 생애가 마치 이런 밧줄 같다는 생각이 들지 않는지? 이 밧줄은 부분적으로 겹치는 섬유들로 이루어져 있다. 그 섬유들은 하나같이 밧줄보다는 짧다. 어떤 섬유는 머리부터 시작해서 밧줄 길이의 $\frac{1}{3}$ 쯤에서 끝나고, 어떤 것은 $\frac{1}{4}$ 쯤에서 $\frac{3}{4}$ 까지, 또 어떤 것은 마지막 $\frac{1}{3}$ 만큼의 길이밖에 안 된다. 밧줄 앞머리에 비어져 나온 섬유 가닥 중 그 어느 것도 끝까지 이어지는 건 없다. 그럼에도 이 모든 섬유 가닥들은 하나의 밧줄을 이루고 있다. 이들 섬유가 부분적으로 겹치기 때문이다. 마찬가지로 지금 마틸다 이모의 기억과 성격적 특질은 이모가 두 살 때의 그것과는 아주 다르다. 그럼에도 이 두 살짜리와

이 일흔다섯의 할머니가

모두 마틸다인 이유는 부분적으로 겹치는 기억과 성격적 특질이 연속되면서 이들을 하나로 묶어주기 때문이다.

윤회

똑같은 물리적 신체를 지니고 있든 아니든 한 사람을 그 자신으로 만드는 것이 그가 지닌 그만의 성격과 기억이라면, 그 사람이 죽은 다음에 다른 몸을 하고 다시 살아날 수도 있지 않을까? 뭐, 실제로 그런 일은 없겠지만. 내 얘기는 그럴 '수'도 있다는 것이다.

새로운 몸으로 다시 살아나는 것을 '윤회(輪廻)'라고 한다. 일부 종교에서는 사람은 모두 윤회한다고 본다.

여러분이 윤회할 수 있는 방법 한 가지를 일러줄까? 앞에 얘기했던 브레인 스캐너를 이용해서 죽기 직전 여러분 두뇌의 모든 정보를 받아두는 것이다. 그런 다음 나중에 그 기계로 다른 사람의 두뇌를 재구성해서 여러분의 기억과 성격적 특질을 그 몸에 전이시킨다. 그럼 여러분은 다른 몸으로 다시 살아나게 된다.

언젠가는 과학의 힘을 빌어 윤회할 날이 오지 않을까? 물론 정당하게 다른 사람의 몸을 구하기란 거의 불가능하겠지만. 그 사람은 어떡하라고? 하지만 복제나 뭐 다른 과정을 통해 여러분이 쓸 새로운 몸을 만들 수는 있을 것이다. 여러분의 몸이 다 닳아서 구실을 못하면 새로운 몸으로 바꿀 수도 있겠고. 마치 낡고 고장난 차를 새 차로 바꾸듯이.

21

영혼

　종교를 믿는 사람들은 사람마다 영혼을 지니고 있다고 믿는다. 영혼은 아주 특이한 것이다. 이건 물리적 물질로 이루어진 물리적인 것이 아니다. 비(非)물리적인 그 무엇이다. 사실 영혼은 초자연적인 것이다. 우리의 물리적 신체가 죽으면 영혼은 천국으로 올라간다고들 한다.

　만약에 여러분한테 영혼이 있다면 그건 분명 여러분의 물리적 신체와 연결되어 있을 것이다. 영혼은 여러분의 물리적 신체를 지배한다. 한편 여러분의 신체에서 분리될 수도 있다. 사실 영혼은 물리적 신체가 없어도 존재할 수 있다.

　정말로 사람마다 영혼이 있다면 몸을 바꾸는 것도 물론 가능하겠지? 여러분의 영혼은 다른 물리적 신체에 연결될 수 있다.

　그런데 이걸 알아두는 게 중요하다. 여러분이 누군가와 몸을 바꿀 수도 있다는 내 얘기가 영혼이 있다는 뜻은 결코 아니라는 걸. 물론 우리한테 영혼이 있다면 몸을 바꾸는 건 가능하다. 그러나 몸을 바꾸는 게 가능하다고 해서 우리한테 영혼이 있다고 볼 수는 없다.

그러니까 내 말은 몸을 바꾸는 데 필요한 것은 한 몸에서 다른 몸으로 옮길 어떤 심리적 특질(성미가 고약하다든가 전쟁을 기억한다든가 하는 따위)뿐이라는 거다. 신체의 어떤 부분도, 심지어는 두뇌도 다른 몸으로 옮길 필요가 없다. 그렇다고 일종의 비물질적이고 초자연적인 영혼인가 하는 걸 옮길 필요도 없다.

결국 무슨 말이냐 하면 설사 영혼 같은 것이 있어서, 어느 누군가가 여러분의 영혼을 지녔다고 해도 그 사람이 여러분이 되지는 않는다는 얘기다.

영혼을 바꾼 경우

만약에 여러분과 내가 각자 영혼을 지니고 있는데 '이 두 영혼을 2분 동안 바꾼다'고 가정해보자. 하지만 그밖에, 우리의 모든 기억과 심리적 특질을 포함한 모든 것은 원래 자리에 남는다. 내 영혼은 여러분의 몸과 기억, 심리적 특질을 지니게 되겠지. 여러분의 영혼은 내 몸과 기억 등등을 지니게 되고.

맞바꿈이 일어났지만 모든 것이 전과 똑같다는 점을 명심하도록. 다른 사람이 보기엔 물론이고 우리가 보기에도 똑같다(우리가 어떻게 됐든 상관없이). 내 몸을 하게 된 사람은 내 몸에 따라간 기억과 성격을 지니게 된다. 설사 여러분이 내 몸을 하게 된다고 해도 여러분은 뭘 바꿨는지 기억하지도 못할 것이다. 왜냐하면 여러분은 여러분의 어떤 과거도 기억하지 못하고 오직 내 과거만 기억할 테니까.

이런 영혼 바꿈이 일어났다면 여러분과 나는 어떻게 될까? 만약 사람이 곧 영혼이라고 말한다면 사람은 영혼이 가는 곳을 따라간다. 그렇다면 여러분의 몸과 기억, 성격적 특질을 지닌 사람은 이제 나다. 나의 몸과 기억, 성격적 특질을 지닌 사람은 여러분이다.

하지만 이건 말이 안 되지 않을까? 아무리 내 영혼을 지녔다고 해도 여러분의 몸을 한 사람은 내가 아니다. 나다운 점이 하나도 없으니까. 그 사람한테 나의 기억이라곤 없다. 그 사람의 성격도 나와는 전혀 다르다. 그에게 누구냐고 묻는다면 여러분의 이름을 댈 것이다. 만약 그 사람한테 친척에 관해 묻는다면 여러분의 친척 얘기를 할 것이다. 그 사람한테 그가 자신이 생각하는 그 사람이 아니라고 설득하기가 쉽지 않을 게 뻔하다.

사실 이런 식의 영혼 바꾸기는 항상 벌어지고 있을지도 모른다. 그러나 영혼을 바꾼 당사자를 비롯해 누구도 그 사실을 알지는 못할 것이다. 어쩌면 방금 5분 전에 여러분의 영혼과 내 영혼이 바뀌었을 수도 있다. 그렇다고 뭐가 달라질까? 아무도 눈치 못 챌 것이다. 우리까지도!

설사 영혼 같은 것이 있다고 해도, 여러분의 모든 기억과 성격적 특질을 가진 사람이 여러분이라고 하는 게 좀더 그럴 듯하지 않을까? 그 사람이 어느 영혼을 가졌는지 상관없이 말이다. 그렇다면 개인의 동일성이란 우리의 질문을 생각할 때, 신체는 물론이고 영혼 역시 관계가 없는 것으로 보인다.

세 가지 이론

여기서 개인의 동일성에 관한 세 가지 이론을 돌이켜보자.

우리가 살펴본 첫 번째 이론은 개인의 동일성을 결정하는 건 살아 있는 신체라는 것이었다. 이 이론에서 사람은 반드시 그 신체와 일치해야 한다. 이 이론을 개인 동일성의 '신체 이론'이라고 하자.

브레인 스캐너의 경우는 이 신체 이론이 틀렸음을 보여준다. 사람들이 몸을 바꾸는 게 가능하니까.

또한 사람마다 비물질적인 영혼을 가지고 있으며 이것이 개인의 동일성을 결정한다는 이론도 보았다. 여기에서 개인은 반드시 그 영혼을 따라다녀야 한다. 이것을 개인 동일성의 '영혼 이론'이라고 하자. 그러나 설사 영혼 같은 것이 있다 해도 개인들의 영혼 바꾸기가 가능할 것 같다. 영혼 이론 역시 옳을 수 없다는 말이다.

지금까지 중에서 가장 그럴 듯한 이론은 개인의 동일성을 결정하는 것이 기억과 성격적 특질이라는 이론이다. 이것을 개인 동일성의 '연속 이론'이라고 하자. 연속 이론에 따르면 마틸다 이모의 앨범 사진 속에 나타난 두 살, 다섯 살, 열 살 등등의 인물을 한 사람으로 묶어주는 것은 이들을 하나로 잇는 기억과 성격적 특질의 연속성이라는 사실이다. 이들은 심리적으로 서로 연속된다. 만약 이 심리적 연속성이 한 몸에서 다른 몸으로 옮겨진다면, 또는 한 영혼에서 다른 영혼으로 옮겨진다면(만약에 영혼이 있다면), 마틸다 이모도 옮겨지게 된다.

화성인의 '전송기' 경우와 두 명의 여러분 문제

지금까지 나는 가능한 한 연속 이론을 그럴 듯하게 보이려고 했다. 하지만 여기엔 한 가지 심각한 문제가 있음을 털어놓아야겠다. 이름하여 '두 명의 여러분 문제'이다.

두 명의 여러분 문제가 뭐냐고? 우선 또 하나의 공상과학 이야기, 화성인의 '전송기' 경우를 읽어보도록.

화성인 과학자들이 사람의 몸을(또는 어떤 물리적인 사물이라도) 스캔해서 원자 하나까지 똑같이 만들어내는 기계를 개발했다. 이 기계가 여러분한테 주어졌다. 여러분은 그 캡슐 안에 들어가서 빨

간 단추를 눌러 기계를 작동시키라는 소리를 듣는다. 여러분은 그
대로 한다. 지지지직. 여러분의 원래 몸이 즉석에서 증발해버린다.
그러나 여러분의 몸은 사라지기 직전에 스캔되어, 복제 몸을 만드
는 데 필요한 모든 정보가 화성으로 전송되었다. 화성에도 비슷한
기계가 있다. 화성에 있는 기계가 복제 몸을 만든다. 이 모든 일이
눈 깜짝할 사이에 일어난다.

　물론 화성의 기계 밖으로 나온 사람은 신체적으로만 여러분과
닮은 게 아니다. 심리학으로도 여러분과 연속된 존재다. 그는 여러
분의 모든 성격적 특질과 모든 기억을 지니고 있다. 그는 방금 지구
의 그 기계 속에 들어가서 빨간 단추를 눌렀던 일을 기억할 것이다.

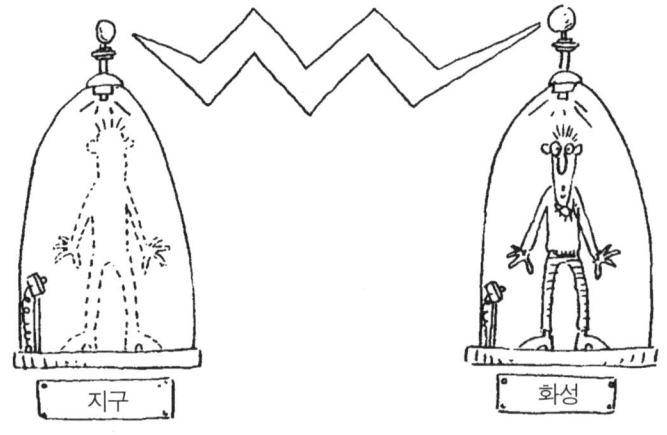

만약 우리가 개인 동일성의 연속 이론을 받아들인다면 화성의
그 사람이 진짜 여러분이라고 보아야 한다. 그 사람은 심리적으로
도 여러분의 연속이니까. 우리한테 있는 이 기계는 '전송기'이다.
사람을 지구에서 화성으로 전송하고 원한다면 되돌아오게 할 수도
있다. 정말 근사하다고? 그렇다면 여러분은 기꺼이 그 기계 속으로
들어가 화성으로 퓨웅 날아갈 생각을 하며 빨간 단추를 누를지도
모르겠다.

그런데, 그래도 될까? 이 이야기를 약간 바꾸어보자. 화성의 기계가 한 사람을 복제하는 대신 두 사람을 복제하게 프로그래밍되었다고 말이다. 화성의 기계에서 두 사람이 나온다. 둘 다 심리적으로는 여러분의 연속이다. 이 경우 심리적 연속성이 분리되었다고 할 수 있겠다. 두 가닥으로 쪼개진다는 애기다.

이 이야기는 연속 이론을 커다란 문제에 빠뜨린다. 왜냐하면 두 사람 다 심리적으로 여러분과 연속된 존재이므로 둘 다 여러분이 되기 때문이다. 두 사람 각자는 여러분과 똑같은 한 사람이다. 그러나 그들은 여러분과 똑같은 한 사람일 수가 없다. 그렇다면 그들 서로가 똑같은 한 사람이 된다는 애기인데 그건 분명 아니거든. 한 명이 아니라 두 명이니까. 이들은 똑같을지는 몰라도 똑같은 한 사람은 아니다. 그러므로 심리적 연속 이론은 틀린 것 같다.

단일 연속 이론

방금 우리는 심리적 연속성이 분리될 경우, 연속 이론에 커다란 문제가 생기는 것을 보았다. 이 이론을 바꿔 문제를 해결할 수 있을까?

일부 철학자들은 이 문제를 해결하기 위해서는 한 가지 조건만 덧붙이면 된다고 한다. 그 조건이란 심리적 연속성은 분리되지 않는다는 것이다. 무슨 애기냐 하면 어느 시점에서 심리적 연속성이 두 개로 분리된다면 나중에 생긴 두 개는 모두 먼저의 것과 동일하지 않다는 것이다. 연속성이 분리되는 순간 두 명의 사람이 새로 존재하게 되고 원래 사람은 더 이상 존재하지 않는다. 그러나 연속성이 분리되지 않는다면, 다시 말해서 오직 한 개인만 이전의 개인과 심리적으로 연속된다면 나중의 개인과 이전의 개인은 똑같은 한 사람이다.

이것을 개인 동일성의 '단일 연속성 이론'이라고 하자.

복제총

그러나 다음의 두 가지를 생각해본다면 단일 연속성에도 해결해야 할 문제가 있다.

만약에 화성인 과학자들이 아주 멀리서 신체를 스캔하고 복제해내는 스캐너를 개발했다고 하자. 이 기계가 '복제총'이다.

내가 집을 나서서 거리를 따라 걷기 시작한다. 이 때 우주공간에 떠 있던 화성인들이 아무것도 모르는 나에게 복제총을 겨누고 작동 단추를 누른다. 그 기계는 즉시 내가 물리적으로 어떻게 구성되었는지 정확히 읽어내고는 원자 하나까지도 나와 똑같은 복제인간을 우주선에 있는 캡슐 안에 탄생시킨다. 물론 우주선의 캡슐 밖으로 걸어나온 그 복제인간은 심리적으로 나와 연속된 존재다. 그 사람은 방금 집을 나서서 거리를 걷고 있었는데 거리가 갑자기 화성인의 우주선으로 바뀌었다고 생각한다. 한편 지구에서 원래 내 몸을 한 사람은 거리 끝에 이르러 모퉁이를 돈다. 그는 무슨 일이 벌어졌는지 까맣게 모른다.

이 이야기에서 나의 심리적 연속성은 두 가닥으로 나뉘었다. 이전의 나와 심리적으로 똑같은 사람이 이제 두 명이다. 거리 끝에 이르러 모퉁이를 도는 개인과 우주선의 캡슐 밖으로 걸어나온 개인.

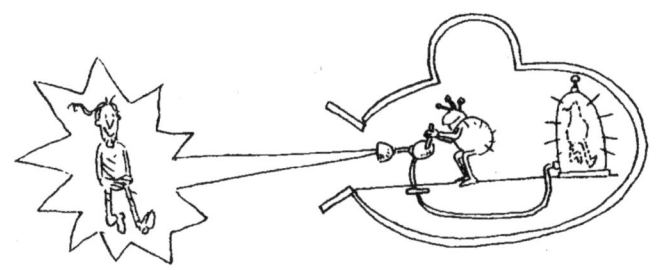

그럼 나는 어디에 있을까? 단일 연속성 이론에 따르면 이 중 누구도 내가 아니다. 복제총이 발사될 때 원래의 나는 사라지고 두 명의 새로운 개인이 존재하게 되었다. 우주선의 캡슐 밖으로 나온 개인도 거리 끝에 다다른 개인도 스티븐 로가 아닌 것이다. 스티븐 로는 이제 사라졌다.

그런데 이건 웬 헛소리? 화성인들이 나의 복제인간을 만드는 것으로 내 존재를 사라지게 하다니? 내가 길을 걸을 때 화성인들이 나의 복제인간을 만들었든 어쨌든, 길 끝에서 모퉁이를 돈 사람은 그래도 내가 아닐까? 그러나 단일 연속성 이론은 이를 부정한다. 결국 단일 연속성 이론은 틀린 것 같다.

단일 연속성 이론이 해결해야 할 문제는 또 있다. 길 끝에 가서 모퉁이를 돈 사람이 없다고 가정하자. 아까처럼 화성인들이 복제총을 발사해서 복제인간을 만들긴 했다. 그런데 복제인간이 태어나는 그 순간, 나는 보도를 벗어났고 지나가던 트럭이 내 몸을 납작 뭉개버렸다(조심해야 하는 건데).

그럼 나는 어디에 있을까? 나는 계속 존재할까? 단일 연속성 이론에 따르면 나는 여전히 존재한다. 내가 우주선으로 전송된 것이다. 이 이야기에서는 바로 나중의 개인, 곧 우주선 캡슐 밖으로 걸어나온 그 사람이 심리학으로 이전의 나와 연속된 존재니까. 결국 단일 연속성 이론에 따르면 우주선에 있는 사람이 내가 된다.

하지만 이번에도 웬 헛소리? 분명히 나는 죽었다. 내가 트럭에 치여 죽기 직전에 때마침 화성인들이 나의 복제인간을 만들어냈다는 것이 이 엄연한 사실을 바꾸진 못한다. 우주선에 탄 사람이 나와 아주 똑같을지는 몰라도 그 사람은 사실 내가 아니다.

결국 단일 연속성 이론은 상당히 엉터리 같은 결과를 빚기 때문에 문제에 부딪친다. 뭐, 이 문제가 해결될 수도 있겠지만.

그러나 이 문제는 해결될 수 없을지도 모른다. 복제총에 얽힌 이두 가지 공상과학 이야기의 경우는 어쩌면 살아 있는 몸을 지니는게 개인의 동일성과 무관하지 않음을 보여주는지도 모른다. 혹시우리가 두뇌가 바뀐 경우나 브레인 스캐너의 경우에 너무 쉽게 설득당한 건 아닐까? 복제총의 첫 번째 이야기를 생각할 때, 거리 끝에 다다른 사람이 나라고 보아야 하지 않을까? 그 사람이 내 집을나선 바로 그 살아 있는 유기체니까. 안 그런가? 그 살아 있는 유기체의 복제물이 어딘가에 생겼다는 건 문제되지 않는다. 복제총의두 번째 이야기에서는 우주선에 있는 그 사람은 내가 아니라고 보는 게 맞지 않을까? 그는 내 집을 나섰던 이와 똑같은 살아 있는 유기체가 아니니까 말이다. 불행히도 살아 있는 그 유기체는 이제 존재하지 않는다. 트럭에 치여 죽었다.

이제 우리는 두 가지의 혼란스런 직관을 마주하고 있다. 우선 두뇌가 바뀐 경우와 브레인 스캐너의 경우에 대한 직관을 따르자면, 살아 있는 신체란 개인의 동일성과는 전혀 무관하다. 반면에 복제총에 얽힌 두 이야기의 직관에 따르면, 살아 있는 신체를 가지는 건 개인의 동일성과 매우 강한 연관이 있다. 이 두 가지 혼란스런 직관 중에 어느 것을 믿어야 할까? 솔직히 나도 무척 헷갈린다.

지금까지 우리가 얘기한 문제는 다음에 소개하는 공상과학 이야기 완결편에서 뚜렷이 나타날 것이다. 이 이야기에서 나는 끔찍한 딜레마에 빠지게 된다. 내가 어떻게 해야 할지는 여러분의 판단에 맡긴다.

평생 휴가?

어느 날 블립과 블롭이 나를 찾아왔다. 이들은 우리 집 거실에 '전송기'를 설치하고는(앞에 나왔던 기계 있지?) 내게 작동법을 설명했다. 블롭은 이 전송기로 거실 한쪽에 있는 캡슐에서 다른 쪽의 캡슐로 블립을 보냈다 불러들였다 하면서 시범을 보였다. '봐!' 블립이 말했다. '맘 푹 놓으라고!'

블립과 블롭은 그들이 즐겨 찾는 우주 곳곳의 휴양지에 이런 캡슐을 설치했다고 자랑하더니 나한테 그걸 이용해 우주 관광을 해보라고 제안했다. 내 앞에 있는 저 캡슐 안에 들어가 첫 번째 목적지에 다이얼을 맞추고 빨간 단추를 누르기만 하면 된다면서.

내 생각엔 끝내주는 기회였다. 그래서 캡슐로 들어가 선택한 목적지에 다이얼을 맞추고(나는 토성의 띠가 내다보이는 우주선에 가기로 했다) 단추를 눌렀다. 그곳을 시작으로 나는 온갖 이국적인 장소를 여행하면서 몇 달을 보냈다. 정말이지 꿈만 같은 나날이었다.

그러던 어느 날, 나는 은하계 먼 곳의 호젓하고 아름다운 행성의 해변에 앉아 화성인들의 '전송기'에 관해 좀더 신중하게 생각해볼 기회를 갖게 되었다.

한 가닥 의혹이 날 괴롭히기 시작했다. 몇 시간 전에 내가 나왔던 캡슐 속으로 도로 들어가서 목적지를 선택하고 다시 빨간 단추를 눌러야 할지 마음이 서질 않았다. 그게 진짜 전송기가 아닐지도 모른다는 생각이 들었던 것이다. 블립과 블롭은 그것이 전송기라고 확신했던 것 같다. 그러나 그들은 스스로를 속였던 게 아닐까. 어쩌면 그 안에 들어가 단추를 누를 때마다 그 사람은 죽는 건지도 모른다. 캡슐 안에 들어가 단추를 누르는 순간 그 살아 있는 유기체는 즉시 증발해버리니까. 다른 곳에 탄생한 유기체는 원래의 복제물일 뿐이다.

그러자 무시무시한 생각에 머리카락이 곤두서는 것 같았다. 정말로 그렇다면, 스티븐 로는 몇 달 전에 죽었다. 첫 번째 캡슐에 들어가 단추를 누르는 순간에 죽은 것이다. 나는 스티븐 로가 아니다 (지금까진 그런 줄 알았지만). 나는 그저 스티븐 로를 빼닮은 누군가에 불과하다. 사실 내가 존재한 시간은 얼마 안 된다. 저기 저 캡슐 밖으로 나온 이후의 몇 시간밖에는.

그럼 난 어떻게 해야지? 여기, 이 먼 은하계에서 영원히 혼자 갇혀 있어야 하는 걸까? 아니면 저 캡슐 속에 들어가 다이얼을 집에 다 맞추고 빨간 단추를 눌러야 할까? 그랬을 경우, 지구의 캡슐 밖으로 나온 사람은 진정 나일까? 아니면 그저 복제물에 불과할까? 나는 집에 돌아가게 될까? 아니면 죽게 될까? 여러분 생각은?

2장
진정으로 존재하는 건 무엇일까?

나를 둘러싼 세계

여기가 내 서재이다.

보다시피 나는 컴퓨터로 작업한다. 책상 위에는 사과 바구니가 있다. 인도에 갔을 때 사온 티베트산 소리접시들도 놓여 있다. 책상 옆엔 책이 가득 꽂힌 책장이 있다. 벽난로 안에는 말린 꽃들이 먼지를 뒤집어쓴 채 꽂혀 있다. 방 맞은편은 창문이다. 창 밖으로 나무와 구름, 반짝이는 햇살을 뿌리는 해가 보인다. 멀리 보이는 것은 옥스퍼드의 첨탑들이다.

여러분이 '실재란 게 뭐죠?' 하고 묻는다면 대부분의 사람들은 이렇게 대답할 것이다. 실재란 지금 내가 주변에서 경험하는 모든 것이라고. 책상과 의자, 나무와 구름이 있는 세계. 그것이 실재다. 그게 현실 세계이다.

하지만 모두가 여기에 동의하지는 않는다. 특히 플라톤은 펄쩍 뛸 것이다. 플라톤에 따르면 우리가 주변에서 보는 것들은 사실 그림자일 뿐이다. 실제 세계는 우리 오감으로부터 감추어져 있다. 보거나 만질 수도, 듣거나 냄새맡거나 맛볼 수도 없다.

대체 이 숨겨진 세계가 어떤 곳이길래? 플라톤의 말로는 아주 근사하다고 한다.

그곳엔 본질적이고 완벽한 모든 것이 있다. 그곳은 항상 거기 있었고 항상 거기 있을 것이다. 그곳은 우리가 나온 곳이다. 그리고 우리가 죽으면 돌아갈 곳이다.

플라톤은 이런 말도 했다. 우리가 지식을 얻고자 해도 지식은 우리가 보는 그림자 너머 이 세계에 속한 것이다. 우리의 오감은 사물이 실제로 어떤지에 관해서 지식을 주지 못한다. 그럼 그림자 너머에 있는 사물들에 대해서 우리가 어떻게 알 수 있을까? 나중에 보겠지만 플라톤은 참된 지식에 이르는 길은 오직 이성을 통해서만 갈 수 있고 했다.

이번 장은 플라톤이 말한 그림자 너머의 세계에 관한 것이다. 정말 그런 게 있을까?

플라톤

플라톤이 누구냐고? 플라톤은 약 2500년 전 고대 그리스에서 태어났다. 그는 철학자 중에서도 가장 유명한 사람일 것이다. 실제로 플라톤을 철학의 아버지로 꼽는 사람이 많다.

플라톤을 소개하려면 이야기로 시작하는 게 좋겠다. 그 옛날 플라톤이 처음 지어냈던 이야기 말이다(내가 이야기를 약간 바꾸었을 뿐 근본적으로는 똑같다).

플라톤의 동굴 이야기

어느 동굴 속. 이 동굴 끝에 몇 명의 죄수가 갇혀 있다. 죄수들은 동굴 벽을 마주한 채 사슬에 묶여 있다. 이들은 평생을 벽만 바라보고 살아야 하는 신세다.

그러던 어느 날 죄수 하나가(이름이 '앨프'라고 하자) 석방되었다. 누군가 그에게 뒤로 돌아 위를 쳐다보라고 명령했다.

처음에 앨프는 환한 빛에 눈이 부셨다. 눈이 따끔거린다. 그러나 잠시 후 앨프는 빛에 익숙해지기 시작했다.

차츰 그 빛에 익숙해진 앨프는 죄수들의 머리 위, 뒤쪽에서 타오르는 불을 보게 되었다. 아까 앞이 안 보였던 건 이 불 때문이었다. 그 불과 죄수들 사이에 좁은 길이 나 있었다.

그 길은 간수들이 다니는 길이었다. 앨프도 이제야 안 거지만, 간수들이 물건을 들고 그 길을 걸어갈 때마다 그 물건들의 그림자가 죄수들의 앞 벽에 비치고 있었다.

지금까지 앨프는 한번도 실제 사물을 본 적이 없었다. 죄수였을 때 그가 볼 수 있었던 것은 그 벽에 비친 그림자뿐이었다. 다른 죄수들처럼 그는 그 그림자들이 진짜 사물인 줄로만 알았던 것이다. 그는 벽에 비친 것을 실재로 착각하고 있었다.

앨프는 이제 그를 비롯한 여러 죄수들이 속아왔다는 사실을 깨달았다. 지금까지 실재 세계라고 믿었던 것이 한낱 그림자의 행렬에 불과하다는 걸 이해하게 된 것이다. 그에게 실재 세계는 감춰져 있었다.

조금 후 몇몇 간수가 동굴 속의 앨프를 데리고 햇살 밝은 밖으로

나왔다. 이제 환한 햇빛이 그의 눈을 부시게 했다. 그러나 앨프는 차츰 익숙해졌고 마침내 해를 보게 되었다.

비로소 앨프는 사람이 된 것이다. 당연한 일이지만 그는 동굴에 두고 온 죄수들이 무척 안됐다는 생각이 들었다. 그래서 그 동굴 깊은 곳으로 돌아가 자기가 본 것을, 사물이 진짜 어떻게 존재하는지를 말해주기로 했다. 죄수들은 분명 그의 실재 세계 여행담을 자세히 듣고 싶어할 테니까.

앨프는 다시 동굴 끝으로 돌아갔지만 그의 눈은 이제 어둠에 적응하지 못했다. 자꾸 발이 걸려 넘어졌다. 여기저기 부딪혔다. 다른 죄수들은 앨프가 바깥 세상을 구경하더니 눈이 멀어버렸다고 생각했다.

일은 더욱 꼬여만 갔다. 앨프가 사물이 실제로 어떻게 존재하는지 설명해도 그들은 들으려 하지 않았다. 그들은 눈앞에 펼쳐지는 그림자 놀이에 푹 빠져 있었다. 그에게 조용히 하라는 말까지 했다. 그들은 좋아하는 TV 프로그램을 보다 방해받은 사람처럼 툴툴거렸다.

그러나 앨프는 포기하려 들지 않았다. 그들을 돕고 싶었다. 그래서 저 위의 감춰진 세계에 관해 온갖 얘기를 계속해서 늘어놓았다. 그러자 죄수들은 정말로 화를 냈다. 그들은 소리치기 시작했다. "어서 꺼져!" 그들이 버럭 소리를 질렀다. "바보같은 소리 그만 하라고! 우린 세상이 어떤지 정확하게 볼 수 있어. 눈이 삔 건 바로 너라구!"

그래도 앨프가 포기하지 않자 죄수들은 그에게 돌을 던졌다. 그들은 앨프를 쫓아냈다. 그렇게 해서 그 죄수들은 그림자만 보면서 인생을 허비하게 되었다. 그들은 진리를 절대 알지 못한다.

그림자 너머의 세계

여러분은 플라톤의 동굴 속 죄수 이야기가 그냥 들어 넘길 이야기는 아니란 걸 눈치챘을 것이다. 플라톤은 우리에게 뭔가를 말하려 하고 있다. 그가 말하려는 것, 그게 뭘까?

실은 우리가 동굴 속의 그 죄수들이라는 거다. 우리가 주변에서 보는 사물은 동굴 벽에 비친 그림자이고, 우리는 동굴 속 죄수들처럼 그 그림자에 사로잡혀 있다. 우리는 그림자를 실재로 착각한다. 우리가 보는 것이 실재 세계라고 생각한다. 그러나 실재 세계는 보이지 않는다.

영혼

플라톤은 또 사람마다 영혼이 있다고 주장했다. 그는 사람이 죽어 그 영혼이 가는 곳이 실재 세계에 속한다고 했다. 그러니까 죽음은 결코 겁낼 게 아니다. 여러분이 죽었다고 영혼까지 사라지는 건 아니니까. 영혼은 계속된다. 훨씬 좋은 곳으로 간다.

천국

많은 종교에서 천국을 이야기한다. 천국은 우리가 죽으면 가게 될 곳이라고 말이다(착하게 살았다면).

그런데 플라톤이 말한 완벽한 세계, 즉 그림자 너머의 실재 세계라는 것이 요즘 말하는 천국이란 것과 왠지 비슷하게 들리지? 이건 전적으로 우연은 아니다. 수백 년 동안 종교사상가들은 플라톤을 읽고 그의 사상을 빌려왔다. 천국이라는 오늘날의 개념, 특히 오늘날의 크리스트교에서 말하는 천국은 부분적으로는 플라톤의 사상에 의해 형성되었다.

C.S. 루이스와 그림자 세계

　플라톤의 사상은 오늘날까지도 우리들의 세계관에 영향을 미치고 있다. 플라톤 철학은 특히 서양의 철학, 종교, 예술, 문학의 형성에 중요한 역할을 했다.

　한 가지 예를 들어볼까? C.S. 루이스란 영국의 아동문학가가 있었다. 그는 크리스트교도였다. 루이스는 '나니아'(Narnia)라는 상상의 나라를 다룬 책들을 썼다. 그 중 가장 유명한 것은 〈사자와 마녀, 그리고 옷장〉이라는 책이다.

　나니아 시리즈의 마지막 책은 〈최후의 전투〉이다. 이 책의 끝에서 나니아는 멸망한다. 땅은 바다 속에 잠기고 태양은 빛을 잃는다. 나니아에 사는 착한 존재들은 모두 어떤 문을 지나 새롭고 이상한 나라로 들어가게 된다.

　나니아 이야기에 등장하는 아이들은 이 새로운 나라에 와 있는 자신을 발견하고 거기가 어딘지 궁금해한다. 그 나라의 일부는 그들이 기억하는 나니아와 비슷하지만 훨씬 더 아름답다. 그리고 일부는 그들이 아는 영국과 비슷하지만 역시 훨씬 더 아름답다.

　그때 이야기 속의 한 등장인물이 아이들에게 말한다. 그들이 기억하는 나니아와 영국은 진짜 나니아와 영국이 아니라고. 그 두 곳은 지금 그들이 있는 실재 세계의 그림자에 불과했다는 말이다. 그리고 이 실재 세계는 항상 존재했고 영원히 존재할 것이며, 실재 사물이 그 그림자와 다른 것만큼이나 옛 나니아, 옛 영국과 다르다고.

마침내 〈최후의 전투〉 마지막 쪽에서, 아이들은 어떻게 해서 이 아름다운 곳에 오게 되었는지 의아해한다. 쫓겨날까 봐 겁도 낸다. 그러나 듣고 보니 그들 모두는 죽었다는 것이다. 철도 사고로 죽었다고. 그들은 C.S. 루이스가 '섀도랜드(그림자 세계)'라고 부른 곳을 떠나 영원히 행복하게 살아갈 실재 세계로 온 것이다. 과거 그들의 삶은 한낱 꿈이었고 이제 아침이 온 것이다.

눈치 챘겠지만 C.S. 루이스는 그림자 너머의 실재 세계(우리가 죽으면 가는 진짜 세계)란 이 개념을 플라톤에게서 빌려왔다. 실제로 〈최후의 전투〉를 꼼꼼히 읽어보면, 이야기 끝에서 한 등장인물이 아이들한테 들려주는 이야기는 전부 플라톤의 철학이다.

볼 수 없는 세계

결국 플라톤은 이 세계(여러분과 내가 지금 경험하고 있는 세계)는 실재 세계가 아니라고 믿는다. 이것들은 루이스가 말한 대로 그림자 세계일 뿐이다.

우리가 주변에서 보는 세계는 실재 세계와 닮았는지는 몰라도 실재 세계는 아니다.

실재 세계는 볼 수 없다. 그건 우리가 보고 만지고 듣고 냄새맡고 맛볼 수 있는 것들 너머에 있다.

그런데 플라톤은 왜 이곳이 그림자 세계에 불과하며 실재 세계는 저 너머에 있다고 생각했을까? 이 특이한 관점 뒤에는 어떤 철학, 어떤 주장이 있을까? 이제 설명하려는 게 바로 그거다.

미의 이데아

여기 아름다운 것 다섯 가지가 있다.

아름다운 꽃, 아름다운 사람, 아름다운 산, 아름다운 석양, 아름다운 정원이다. 물론 이 다섯 가지는 여러 면에서 서로 다르다(예를 들면 사람은 머리카락이 있지만 산은 없다). 그래도 저마다 아름답다.

그런데 아름다움 자체는 뭘까? 이것들은 저마다 아름다운 사물일지는 모르지만 어느 것도 아름다움 자체는 아닌 것 같다. 아름다움 자체는 다른 뭔가가 아닐까? 여기 있는 모든 개별 사물에 덧붙여져 따로 존재하는 그 이상의 것 말이다.

플라톤은 그 이상의 것, 아름다움 자체를 미의 '이데아'(Idea)라고 했다. 그는 아름다운 낱낱의 사물이 아름다운 이유는 그 사물이 이 이데아를 지니고 있기 때문이라고 했다.

그 밖의 이데아들

플라톤에 따르면 공통의 이데아를 지니는 건 아름다운 사물들뿐만은 아니다. 아름다운 것들은 하나의 유형에 불과하다. 그밖에도 여러 유형들이 있다. 의자를 볼까?

의자는 사물의 한 유형이다. 그러므로 수많은 차이점이 있긴 하지만 모든 의자가 공통으로 지닌 무언가가 있다. 이 무언가가 그것들을 의자로 만들어준다. 플라톤에 따르면 이 '무언가'는 또 하나의 이데아, 즉 의자의 이데아이다.

이 의자의 이데아는 세상에 있는 모든 개별 의자에 덧붙어 존재한다.

플라톤에 따르면 그밖에도 여러 종류의 이데아가 있다. 그 예로 큰 것들(코끼리, 산, 거인 등등)은 사물의 한 유형이다. 이것들에겐 큰 것의 이데아가 있다. 공정한 행동들(판사가 끔찍한 죄를 저지른 사람을 벌하는 것처럼) 역시 하나의 이데아다. 여기에는 정의의 이데아가 있다.

플라톤의 추론대로라면 세상에 존재하는 것들의 모든 유형마다 이데아가 있어야 할 것이다. 꽃의 이데아도 있어야 하고 빨간 것의 이데아, 토끼의 이데아, 집의 이데아, 하다 못해 치즈버거의 이데아까지.

그럼 플라톤이 말하는 이데아는 어떤 걸까?

이데아는 완벽하다

첫째로 '이데아는 완벽하다.' 아름다움을 예로 들자. 여러분이 경험하는 아름다운 그 어떤 것도 완벽하게 아름답지는 않을 것이다. 언제나 그보다 더 아름다울 수 있다. 그러나 아름다움의 이데아, 아름다움 자체는 아주 완벽하다. 왜냐하면 아름다움 자체보다 더 아름다운 건 있을 수 없으니까.

우리 주변의 모든 것은 불완전하다. 흠이 있기 마련이다. 모두가 부서지거나 닳거나 썩는다. 침대를 보자. 여러분이 볼 수 있는 그 어떤 침대도 완전진 않을 것이다. 언제나 그보다 더 편안할 수 있다. 시간이 가면 닳거나 부서진다. 그러나 침대의 이데아는 완벽하

44

다. 각각의 이데아는 그 사물의 유형에서 하나뿐이고 유일하게 완벽한 예이다.

이데아는 볼 수 없다

두 번째로 '이데아는 보고 만지고 냄새맡고 듣고 맛보는 종류의 것이 아니다.' 우리가 경험할 수 있는 것 중에서 영원히 완벽한 것은 없다. 따라서 의자의 이데아, 완벽함은 우리가 경험할 수 있는 것이 아니다. 우리는 각각의 불완전한 의자를 볼 수는 있지만 의자의 이데아는 볼 수가 없다.

이데아는 더 실제적이다

세 번째로 이데아는 우리가 주변에서 경험하는 개별 사물보다 '더 실제적이다.' 왜냐하면 개별 사물들이 그 존재를 이데아에 의존하기 때문이다.

우리 집 뒷마당에 나무가 있다. 이 나무는 낮 동안에 다양한 그림자를 드리운다. 또 웅덩이나 창유리에 반사되기도 한다.

덧없는 그 나무의 상들은 그 나무에서 비롯된 비틀어지고 불완전한 복사본이다. 이것들은 저기 있는 저 나무에 그 존재를 의지한

다. 그 나무가 없으면 그림자도, 반사된 상도 있을 수 없다.

마찬가지로 그 나무의 이데아 없이는 어떤 낱낱의 나무도 존재할 수 없다. 우리 집 뒷마당의 나무를 포함해 우리 주변의 나무들은 그 존재를 나무의 이데아에 의존한다. 나무들은 이 이데아의 불완전한 그림자 또는 반사된 상이다.

우리가 주변에서 보는 모든 사물도 똑같다. 그것들은 실제 사물이 아니다. 실제 사물은 이데아이며, 우리가 보는 것들은 덧없는 그림자 또는 반사된 상일 뿐이다.

이데아는 영원하고 변하지 않는다

플라톤에 따르면 이데아는 '영원하다.' 이데아는 항상 거기 있어왔으며 또 있을 것이다. 아름다운 개별 사물들은 왔다가지만 아름다움 자체는 남는다.

이데아는 또 '변하지 않는다.' 물론 우리를 둘러싼 세계는 항상 변하고 있다. 의자와 탁자는 뒤틀리고 휘어지고 부서진다. 식물과 동물은 자라서 시들다가 죽는다. 날씨는 날마다 바뀐다. 계절은 오고 간다. 산은 언젠가는 바다 속으로 가라앉는다. 모든 것이 변한다. 그러나 플라톤에 따르면 이데아는 절대 변하지 않는다.

이 점을 의아하게 생각하는 사람도 있을 것이다. 아니, 시대에 따라 사람들이 아름답게 여기는 것이 다른데? 예를 들면 요즘에는

1600년의
미인

2000년의
미인

날씬한 사람을 미인으로 여기지만 그리 멀지 않은 옛날만 해도 통통한 사람들을 더 미인으로 쳤다.

패션도 바뀐다. 한때 멋지다고 여기던 것들이 뒷세대에 가서는 촌스럽고 추하게까지 여겨진다. 그렇다면 아름다움의 이데아가 있다고 해도 시간이 흐르면서 변하는 게 아닐까?

플라톤의 말로는 그렇지가 않다. 패션은 변할지 모르지만 아름다움 자체는 변하지 않는다는 게 그의 생각이다. 참된 아름다움은 언제나 똑같다. 다만 아름다움을 알아보는 우리의 능력이 변할 뿐이다.

지고의 이데아

이제야 다들 끄덕이는군. 우리가 주변에서 보는 세계는 실재 세계가 아니다. 실재 세계는 완벽하고 변함이 없고, 영원한 이데아들의 감추어진 세계다.

그러나 우리가 끼워 넣어야 할 마지막 이데아가 남아 있다. 이데아는 수없이 많다. 결국 이데아 자체도 사물의 한 유형이다. 그렇다면 이데아의 이데아도 있어야 한다.

이데아의 이데아는 어떤 걸까? 그러니까 모든 이데아가 공통으로 지니고 있는 게 뭘까? 모든 이데아가 진정한 의미에서 존재하고 모든 이데아가 완벽하다. 그렇다면 이데아의 이데아는 '존재와 완벽함'의 이데아다.

플라톤은 이 지고의 이데아를 '선(善)의 이데아'라고 했다.

이데아의 배열

결국 플라톤의 말대로라면 이데아들은 이렇게 배열된다.

이 피라미드의 맨 꼭대기에 선의 이데아가 있다. 이 선의 이데아 밑에 그 밖의 모든 이데아가 있다. 아름다움의 이데아, 의자의 이데아, 탁자의 이데아 등등이. 그리고 이들 이데아 밑에 우리 주변에서 보는 낱낱의 사물들이 있다. 특정 침대 같은 것 말이다.

낱낱의 의자, 탁자, 아름다운 것 등등이 각각에 해당하는 이데아에서 나름의 존재와 완전함을 얻는 것처럼 이들 이데아는 선의 이데아에서 그 존재와 완전함을 얻는다. 결국 모든 존재와 완전함은 선의 이데아에서 나온다.

플라톤의 동굴 이야기에서는 선의 이데아가 동굴 밖에서 빛나는 태양으로 나타난다. 종종 사람들이 해를 보고 거기에서 모든 것이 비롯된다고 생각하듯이(왜냐하면 태양이 밤과 낮을 만들고 계절과 날씨를 조절하고, 식물을 자라게 해서 다시 동물의 먹이를 만들고 하니까) 모든 사물이 결국에는 선의 이데아에 그 존재를 빚지고 있는 것이다.

신

플라톤의 선의 이데아, 즉 모든 존재와 완전함이 거기에서 연유하는 곳인 이데아란 개념은 오늘날의 신이란 개념과 아주 많이 닮은 것 같지? 현대의 많은 종교, 특히 크리스트교, 이슬람교, 유대교에서 신은 정확히 그 역할을 한다. 신은 모든 것이 그 존재를 빚지고 있는 대상이며 거기에서 모든 완전함이 나온다.

이런 유사성 역시 아주 우연한 것은 아니다. 이것은 플라톤의 사상이 지금까지도 종교 사상의 형성에 영향을 끼치고 있는 또 하나의 예이다.

지식은 어디에서 비롯되는 걸까?

우리는 우리의 오감, 그러니까 시각, 청각, 촉각, 미각, 후각을 사용해서 주변 세계를 경험한다.

그러나 지금까지 보았듯이 플라톤은 우리가 이렇게 경험하는 세계는 실재 세계가 아니라고 한다. 우리가 경험하는 세계는 그림자 세계에 불과하다.

바로 이 때문에 플라톤은 우리 감각이 참된 지식을 주지 못한다고 말한다. 플라톤에 따르면 우리 감각은 우리를 속일 뿐이다. 참된 지식은 참된 실재, 우리 감각으로 얻어지는 것 너머의 세계에 관한 지식이다. 참된 지식은 이데아에 관한 지식이다.

그런데 감각을 통하지 않고서 어떻게 이데아에 관한 지식을 얻을 수 있을까? 플라톤에 따르면 참된 지식은 '철학'을 함으로써 나온다고 한다. 참된 지식은 이성을 사용함으로써, 생각하고 되씹음으로써 얻을 수 있다. 참된 지식을 원하는 사람이라면 감각을 무시해야 한다. 두 눈을 꼭 감고 두 귀에는 솜을 틀어막고, 편안한 의자에 눌러앉아 생각을 해야 한다.

작업 중인
철학자

　물론 철학자가 사람들한테 '감각 세계를 무시하시오. 눈에 보이는 세계는 그림자 세계에 불과합니다.' 하고 설득하기가 정말 힘들다는 건 플라톤도 인정한다. 사실 그림자 세계는 너무도 현실적으로 보이거든.

　감각 세계는 또 너무 유혹적이다. 우리는 우리 감각과, 감각이 가져다주는 쾌감을 사랑하도록 길들여진다. 아이스크림의 맛, 음악 소리, 아름다운 나무의 모습들을 사랑한다. 하지만 플라톤에 따르면 좀더 귀하고 차원 높은 쾌감이 따로 있다. 그 쾌감은 오직 철학만이 가져다줄 수 있다. 이 차원 높은 쾌감에 비하면 감각이 주는 쾌감은 사실 아주 시시하고 유치하다.

　그렇지만 우리 대부분은 감각에 사로잡혀 있다. 감각 세계에서 몸을 돌려 보이지 않는 이데아를 향하라고 설득하는 철학자들한테 우리는 퇴짜를 놓는다. 플라톤이 동굴 이야기 끝부분에서 우리한테 경고하는 것이 바로 이것이다. 그림자에서 몸을 돌려 실재 세계를 보라고 설득하던 앨프에게 돌을 던진 심술궂은 죄수들이 바로 우리의 모습이다.

과학

　여러분은 지식에 대한 플라톤의 관점에 놀랐을지도 모르겠다. 요즘엔 물리학, 화학, 천문학 같은 과학을 지식에 이르는 최고의 길로 생각하니까 말이다. 과학은 궁극적으로 우리 오감에 의존한다.

보고 듣고 만지고 냄새맡고 맛보아야 한다. 과학자들은 관찰을 한다. 보고 듣고 찔러보고 킁킁거린다. 심지어는 혀로 핥아보기도 한다. 이들은 실험을 하고 그 결과를 신중하게 검토한다. 바로 이같은 온갖 관찰 활동이 과학 이론의 바탕이 된다.

그렇다면 여러분은 틀림없이 이렇게 생각하겠지. 이런 과학적인 방법이야말로 세계가 진짜 어떤가를 밝히는 가장 좋은 방법이 아닐까? 결국 우리 감각이 참된 지식을 줄 수 없다는 플라톤의 얘기는 틀린 게 아닐까?

이렇게 생각하는 사람도 있을 것이다. 어떻게 사람이 눈을 질끈 감고 편안한 의자에 파묻혀서 중요한 것 하나라도 발견할 수 있단 말인가? 그렇게 해서는 실재에 관해 어떤 것도 알아낼 수 없지 않을까? 결국 조용히 명상하는 것이 참된 지식에 이르는 유일한 길이라는 플라톤의 말은 틀린 게 아닐까? 오감을 사용하지 않고서는 참된 지식을 얻지 못한다는 건 분명한 사실 아닐까? 확실히 이성만으론 보지 못한다. 우리 감각이야말로 실재를 향해 난 유일한 진짜 창이 아닐까?

감각이 지식을 주지 못한다는 점에서는 플라톤이 틀렸을 수 있다. 그러나 그의 말에는 뭔가 중요한 뜻이 있을지도 모른다. 실제로 가장 중요한 몇몇 문제의 답을 구하는 데는 우리 감각이 도움이 되지 않는 것 같다. 다음의 논증을 살펴보자.

한 가지 논증

우리에게 가장 중요한 문제들은 대개 'X란 무엇인가?' 하는 것
이다. 그 예로 우리는 이렇게 묻는다. '정의란 무엇인가?' 정의가
무엇이냐 하는 질문은 분명 아주 중요한 질문이다. 우리는 우리 사
회가 정의롭기를 바란다. 그 예로 사회에 정의로운 법이 있기를 바
란다. 또 법원에서 죄인한테 공정한 벌을 내리기를 바란다. 그 죄에
적합하고 받아 마땅한 벌 말이다(이웃집 사과나무에서 사과 하나를
훔쳤다고 사형에 처한다면 정의롭지 못한 거겠지?). 그러므로 정의가
무엇인지를 아는 건 아주 중요하다. 정의가 무엇인지 모른다면 공
정하고 정의로운 사회를 건설할 수 없을 테니까.

그밖에 중요한 X를 묻는 질문은 뭐가 있을까? '선'이란 무엇인
가? '용기'란 무엇인가? '아름다움'이란 무엇인가? 등등 수없이
많다.

여기서 플라톤은 이렇게 주장한다. 만약 여러분이 선이 무엇인
지, 용기가 무엇인지, 아름다움이 무엇인지 모른다면, 그걸 알고
싶다 해도 주변 세계를 관찰해서는 결코 알아낼 수 없다고.

아름다움을 예로 들자. 여러분 주변에는 아름다운 사물이 많다.
그런데 그것들을 관찰해서 아름다움이 뭔지를 알아내지 못하는 이
유가 뭘까? 문제는 여러분이 아름다움이 뭔지 '미리' 알고 있지 않
다면 '주변 사물 중에서 어떤 것이 아름다운지 가려낼 수 없다'는

것이다. 그렇다면 여러분은 아름다움을 알아보지 못할 것이다.

여기 다른 예가 있다(이건 플라톤이 한 얘기가 아니라 방금 내가 생각해낸 거다). 앞쪽 아래의 여러 가지 물체들을 잘 보도록.

이 가운데 몇 개는 블리블리이며 나머지는 아니다. 하지만 블리블리가 뭔지 통 모르겠지? 블리블리가 대체 뭘 말하는 건지 여러분은 전혀 모른다. 서로 다른 이 물체들을 관찰해서 블리블리가 뭔지 알 수 있는 사람? 없겠지. 분명히 없다. 여러분은 어느 것이 블리블리인지 아직 모르니까.

물론 육면체로 된 것이 블리블리라고 말하면 여러분은 앞의 물체 중에 어느 것이 블리블리인지 알 수 있을 것이다. 가운데 두 개의 물체가 블리블리가 되겠지. 하지만 이제 블리블리를 관찰한다고 해서 더 이상 도움이 될 건 없다. 왜냐하면 여러분은 블리블리가 뭔지 '이미' 알고 있으니까 말이다.

그렇다면 '블리블리가 무엇인가?' 하는 질문에 대답한다고 할 때 주변 세계를 관찰하는 건 도움이 되지 못하는 것 같다. 또한 '정의란 무엇인가?' '미란 무엇인가?' 등등의 질문에 답할 때도 관찰은 아무런 도움이 되지 않는다.

이 논증이 효과가 있었는지 모르겠다. 결국 '정의란 무엇인가?' '미란 무엇인가?'와 같은 질문에 답할 때에는 플라톤의 말처럼, 감각이 도움이 못 된다는 게 맞지 않을까? 여러분 생각은?

영혼과 이데아에 관한 지식

앞에서 얘기했지만 플라톤은 사람마다 죽지 않는 영혼을 지니고 있다고 믿는다. 플라톤의 철학에서 영혼이 중요한 이유는 그가 '지식'을 얻는 과정을 설명하면서 영혼을 사용하기 때문이다. 방금 본 것처럼 플라톤은 참된 지식이란 감각에서 얻어지는 것이 아니라

이성을 통해서 얻는다고 했다. 그러나 이 말은 이런 의문을 일으킨다. 이성이 어떻게 이데아에 관한 지식을 줄 수 있지?

플라톤의 대답은 이것 같다. 이성이 어떤 식으로든 우리에게 이데아를 돌이키게 해준다고. 우리는 이성을 통해 어찌어찌해서 이미 알고 있는 걸 떠올린다. 우리 영혼은 우리의 물리적 신체가 태어나기 전에 존재했다. 그 때 우리 영혼에는 이데아가 제시되어 있었다. 우리가 이데아에 관해 아는 지식은 사실 그 때의 기억을 되살린 것이다.

그러니까 여러분이 아름다움을 알아볼 수 있는 건 태어나기 전 아름다움의 이데아를 경험했기 때문이다. 여러분이 나무를 알아보는 것도 마찬가지다. 여러분이 태어나기 전 여러분의 영혼은 나무의 이데아를 경험했던 것이다.

그래서, 지금 여러분이 나무를 보면…

… 그 이데아가 떠오르는 것이다.

그렇게 해서 여러분은 그것이 나무임을 알아본다.

플라톤의 이데아론을 설명했으니 이번에는 여기에 대한 유명한 비판 두 가지를 살펴볼 차례군.

비판 I : 코딱지의 이데아

플라톤이 그린 그림은 찬란하다. 그림자 너머에 있는 완벽하고 영원한 세계라니 정말 근사하다. 아닌 게 아니라 천국 같다. 플라톤은 그 세계를 정말 천국 같은 곳으로 생각한 모양이다.

그런데 플라톤의 이데아에 관한 주장 가운데 이런 게 있었지? 특정 유형의 사물들(아름다운 것 또는 의자든 뭐든)이 있을 때에는 항상 거기에 덧붙여 따로 존재하는 또 하나의 사물, 즉 이데아가 있다는 것 말이다. 이 이론을 '가외 사물론'이라고 해두자.

그런데 여기엔 문제가 있다. 더러는 아주 혐오스러운 유형의 사물들도 있다. 저, 그러니까, 코딱지 같은 것 말이다.

가외 사물론에 따르면 코딱지의 이데아도 있어야 한다. 감각 세계 밖의 완벽하고 불변하는 코딱지가 있어야 한다.

하지만 그건 왠지 아닌 것 같다, 그렇지? 완벽한 코딱지라니, 천국에는 영 어울리지 않는 것인데? 여러분은 정말로 그림자 세계 너머의 천국 같은 실재 세계에 그런 징그러운 것들이 있다고 생각하는지? 아마 아닐 것이다. 플라톤도 그런 생각은 별로 달가워하지

않을 것이다.

그렇다면 이런 문제가 생긴다. 플라톤은 코딱지의 이데아가 있다는 것을 받아들이거나(설마 그러지는 않겠지) 가외 사물론이 옳지 않다고 인정해야 한다. 그는 두 마리 토끼를 다 잡을 수는 없다. 만약 가외 사물론이 옳지 않다면 이 이론으로는 어떤 이데아의 존재도 증명할 수 없게 된다.

비판 2 : 너무 많은 이데아

플라톤의 이론에 대한 비판 중 가장 유명한 것은 이런 내용이다.

말했지만 플라톤은 가외 사물론을 사용한다. 침대를 예로 들어보자.

침대는 사물의 한 유형이다. 가외 사물론에 따르면 특별한 침대, 즉 완벽한 침대가 하나 있어야 한다. 모든 침대에 덧붙어서 존재하는 침대 말이다.

이 이데아는 모든 개별 침대에 공통으로 있는 것이다. 하지만 이제 원래의 침대들과 그 이데아가 다시 하나의 유형을 이룬다. 그것

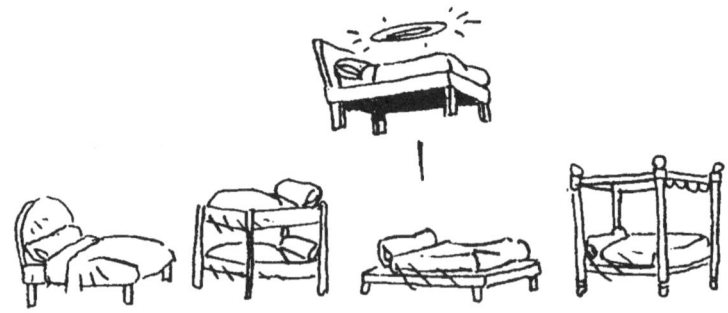

들 또한 모두 침대이며, 따라서 그것들 모두는 어떤 공통점을 지닌다. 결국 가외 사물론에 따라 우리는 이렇게 침대의 두 번째 이데아를 덧붙여야 한다.

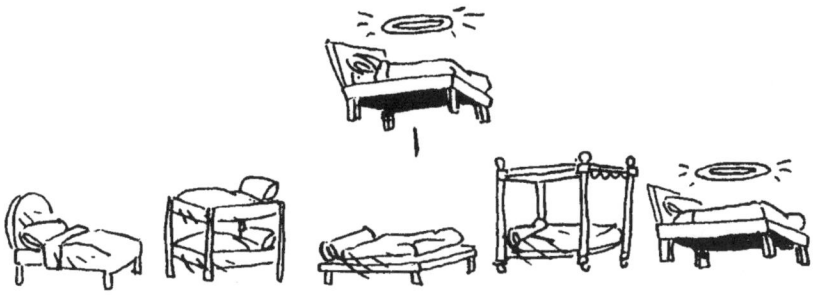

물론 원래의 침대들과 침대들의 두 이데아가 다시 하나의 유형을 이룬다. 전부 다 침대니까. 결국 가외 사물론에 따르면 다시 세 번째의 침대 이데아가 있어야 한다.

또한 침대의 네 번째 이데아, 다섯째, 여섯째, 일곱째 이데아도 있어야 한다. 가외 사물론은 이렇게 끝없이 적용된다. 그러므로 가외 사물론이 옳다면 사실상 침대의 이데아는 무수히 많아야한다. 하지만 이건 말이 안 된다.

말할 것 없이 다른 모든 이데아에도 똑같은 문제가 생긴다. 문제는 플라톤이 사물의 유형마다 하나의 이데아로 만족하지 못한다는 것이다. 가외 사물론에 따르면 매 경우마다 각각의 사물 유형에 수없이 많은 이데아가 있어야 한다.

반면에 우리가 사물의 유형마다 수없이 많은 이데아가 있다는 걸 부정한다면 가외 사물론이 옳지 않다는 점을 인정해야 한다. 아마 플라톤도 그 점은 인정할걸? 그렇다면 이 이론으로는 사물의 유형마다 하나의 이데아가 있다는 것조차 증명할 수 없다.

우리는 정말 그림자 세계에 살고 있을까?

지금까지 우리는 플라톤의 이데아론에 대한 두 가지 비판을 살펴보았다. 두 가지 다 훌륭한 비판으로 보인다. 하지만 이런 비판이 별로 효과가 없다고 주장하는 철학자들도 있다. 플라톤 자신도 이런 비판을 알고 있었지만 거기에 흔들리지 않았다는 점을 기억하기 바란다. 플라톤은 자기 이론을 고집했다(역사를 통틀어 수많은 철학자나 종교 사상가, 작가, 예술가 등등도 그랬지만).

여러분은 플라톤의 말을 믿는지? 우리가 주변에서 보는 세계가 실재 세계일까? 아니면 단지 그림자 세계일까? 여러분 생각은?

난 솔직히 플라톤의 주장을 믿지 않는다. 하지만 나를 비롯한 많은 사람들이 삶에 그리고 현실에, 단순히 이게 아니라 뭔가 더한 것이 있다고 느끼는 부분을 플라톤이 다루었다는 건 인정한다. 우리는 근본적인 것, 중요한 것이 감추어져 있다고 느낀다.

그러면서 그 커튼이 젖혀지기만 한다면 뭔가 아름다운 것을 보

게 될 거라고 생각한다. 우리는 이 '무언가'를 보거나 만지거나 듣거나 냄새맡거나 맛볼 수는 없지만 그래도 분명 있다고 생각한다.

3장
똑같은 강에 두 번 뛰어들 수 있을까?

아이샤의 놀라운 철학적 '발견'

 얼마 전 내 친구 아이샤와 캐롤이 집 근처의 강으로 놀러갔다. 이들은 강에서 수영을 즐겼다. 그런 다음 간이 탁자에 앉아서 샌드위치를 먹었다.

강을 보며 생각에 잠겨 있던 아이샤가 갑자기 흥분했다.

아이샤 : 방금 굉장한 철학적 발견을 했어!

캐롤 : 뭔데?

아이샤 : 똑같은 강을 두 번 건널 수 없다는 사실!

캐롤 : 바보 같은 소리 마! 왜 못 건너?

아이샤 : 바보 같은 소리가 아냐. 봐, 네가 저 강에 뛰어든다고 해

봐… 풍덩 하고. 그리고선 강둑에 올라왔어. 그리고 다시 뛰어들 었지. 저 강은 네가 처음 뛰어든 때부터 두 번째 뛰어들 때까지 여 러 모로 달라졌을 거야, 맞지?

캐롤은 잘 모르겠다는 표정이었다.

캐롤 : 글쎄. 왜?
아이샤 : 그건 분명해. 물은 강을 따라 흘러. 그러니까 강에 있는 물은 아까와 똑같지 않겠지. 그리고 강물 속에 있는 것들도 움직였 을 거야. 갈대도 움직였겠지.

물고기들도
헤엄쳐 옮겨다녔을 테고…

… 바닥의 진흙도 약간 흩어졌겠고…

… 그런 식으로, 강은 달라져 있을 거야.

캐롤은 강이 이렇게 여러 가지로 달라졌을 거라는 데 동의했다.

아이샤 : 그럼 강이 변했다면 똑같지 않은 거 아냐?

캐롤 : 그렇겠지.

아이샤 : 똑같은 강이 아니라면 강은 하나가 아니라 둘인 거지. 네가 처음 뛰어들었던 강이 있고 두 번째로 뛰어든 두 번째의 다른 강이 있는 거야. 내 말이 맞지?

상식

캐롤은 고개를 끄덕여야 할지 판단이 서지 않았다.

캐롤 : 음⋯, 아니. 그렇지 않아. 아니, 넌 똑같은 강에 두 번 뛰어들 수 있어. 내 말은 그게 상식이라는 거야.

아이샤 : 상식? 푸웃! 상식이 뭘 안다고? 상식은 여러 가지로 틀린 적이 많았어. 몇백 년 전만 해도 태양이 지구를 돈다는 게 상식이었어. 모두가 그렇게 믿었지. 지구가 태양 주위를 돈다고 말하면 사람들이 널 미친 사람 취급했을걸. 하지만 태양은 지구 주위를 돌지 않아, 안 그래? 지구가 태양 주위를 돌지.

캐롤 : 맞아, 그건 그래.

아이샤 : 봐, 그렇다면 상식이 틀릴 수도 있지 않겠어? 똑같은 강을 두 번 건널 수 있다는 점에서도 상식은 틀린 거야. 사실 난 방금 상식이 틀렸음을 증명한 거야. 나, 천재 아니니?

올해의 철학자

아주 빨리 다시 뛰어들기

캐롤은 말없이 앉아 있었다. 그녀는 샌드위치 하나를 더 집어들었다. 그러고는 말을 꺼냈다.

캐롤 : 잠깐만. 만약 내가 강에 들어갔다 나와서 다시 뛰어든다면 어떨까? 아주, 아주 빨리 말이야. 그럼 강은 아직 똑같지 않을까?

아이샤 : 아니, 그러진 않을 거야.

캐롤 : 왜?

아이샤 : 그래도 강은 변했을 테니까. 아주 조금이라도 말이야. 강은 항상 변해. 아무리 짧은 시간이 흘렀다고 해도 강은 변해. 그러니 두 번째로 뛰어들 때에는 처음과 똑같을 수 없어. 네가 처음 뛰어들고 나서 엄청 빨리 뛰어든다고 해도 말이야.

캐롤은 샌드위치를 베어물고는 얼굴을 찌푸렸다. 캐롤은 슬슬 짜증이 나기 시작했다. 꽤나 짜증이 났는지 입에 음식이 가득 든 채로 말하면서 사방에 파편을 튀겼다.

캐롤 : 그으래. 하디만 강이 쩝, 두 개는 아니, 그러니까 텃 번째로 뛰어들었던 강이 사라디는 건 아니디 않냐고?

아이샤 : 아니, 사라지는 거야! 정말 놀랍지 않니? 변화가 일어난 순간 강은 사라지는 거야! 새로운 강이 그 자리를 차지하지. 그리고 또 다른 변화가 일어났다면, 그게 아무리 작은 변화라 해도 강은 또 사라져서 세 번째 강으로 대체되는 거고. 그렇게 계속되는 거야. 아무리 작은 변화라도 변화가 있을 때마다 강은 매번 달라져. 똑같지가 않아. 그리고 똑같은 강이 아니라면 옛날 강의 자리를 차지한 것은 새로운 강일 수밖에 없어.

아이샤가 그들 뒤로 잔잔히 흘러가는 강을 가리켰다.

아이샤 : 저 강을 봐. 사실 네가 보고 있는 건 수많은 강이야. 수백, 수천만의 강들이지. 각각의 강들은 단 한 순간 존재하다가, 그 즉시 아주 조금 달라진 또 다른 강으로 대체되고 있어.

캐롤 : 나참, 기가 막혀! 완전히 미쳤군, 미쳤어.

아이샤 : 애는! 놀라운 철학적 발견을 한 거라니까! 좋아, 그게 상식이 아니라는 건 인정하겠어. 하지만 상식은 틀릴 수도 있어. 오히려 그렇기 때문에 내 발견이 놀라운 거지. 상식이 틀렸다는 걸 보여주니까.

'내가 보기엔 강이 사라지지 않는다'

캐롤은 아직도 납득이 가지 않았다.

캐롤 : 정말 말도 안 돼! 봐! 네가 보기에도 저 강은 사라지지 않

봐, 네 눈엔 이 강이 사라지는 것 같니?

잖아! 내 두 눈으로 똑똑히 보건대 네 말은 틀렸어.

아이샤는 강이 사라지는 것처럼 보이지 않는다는 건 인정했다. 그러나 강이 사라지는 것처럼 보이지 않는다는 사실로는 그 어떤 것도 증명할 수 없다고 생각했다.

아이샤 : 좋아, 캐롤. TV를 생각해보자. 스크린에서 움직이는 화면을 볼 때 사실 네가 보고 있는 건 잇달아 나타나는 수많은 정지 된 영상이야. 하지만 각각의 영상 이 바로 앞의 것과 너무 비슷해 서, 또 아주 빨리 나타났다 사라 지기 때문에 마치 한 장의 그림 이 움직이는 것처럼 보이는 거지.

캐롤 : 그래. 나도 알아.

아이샤 : 그런데 이 강도 마찬가지야. 우리가 보는 강은 사실 변 하지 않는 수많은 강들의 연속인 거야. 하지만 그 강마다 바로 앞의 것과 너무 비슷해서, 또 강이 너무 빨리 나타났다 사라지기 때문에 마치 하나의 강이 변하는 것처럼 보이는 거라고.

아이샤는 캐롤이 자기 말을 알아듣는지 궁금했다.

아이샤 : 그럼 네가 두 번째로 뛰어든 강이 두 번째의 다른 강이 라는 건 동의하니?

캐롤 : 그래.

사실 캐롤이 완전히 동의한 건 아니었다. 다만 아이샤의 논증에서 틀린 점을 찾지 못했기 때문에 그렇다고 말한 것뿐이다. 그러나 그 논증에는 분명 뭔가 틀린 게 있는 것 같았다.

여러분은 어떻게 생각하는지? 여러분은 누구의 손을 들어줄까, 아이샤? 아니면 캐롤?

아이샤와 캐롤, 볼링장에 가다

캐롤은 그날 밤새 잠을 못 자고 뒤척였다.

내내 아이샤의 논증을 생각하고 있었던 것이다. 마침내, 많은 생각 끝에 캐롤은 마음을 바꿨다. 어쨌든 아이샤의 말은 옳은 것 같았다. 아무리 곰곰 생각해도 아이샤의 논증에서 틀린 점을 찾을 수가 없었다. 사실 그녀 스스로도 비슷한 논증에 이르렀던 것이다.

다음 날 캐롤과 아이샤는 볼링을 치기로 약속하고는 볼링장에서 만났다. 곧이어 이들은 볼링화를 신고 첫 번째 게임을 하게 되었다.

볼링을 치면서 캐롤은 아이샤에게 자신의 논증을 설명했다.

캐롤 : 아이샤, 나도 놀라운 철학적 발견을 했어.

아이샤 : 그래, 뭔데?

캐롤 : 똑같은 사람을 두 번 만날 수는 없다는 거야.

아이샤 : 왜?

캐롤이 공을 집어들고 침착하게 핀을 겨냥했다. 그러고는 공을 던졌다. 아이샤는 캐롤의 공이 쿠르릉 굴러가더니 요란한 소리를 내며 핀을 전부 쓰러뜨리는 걸 지켜보았다.

캐롤 : 스트라이크! 그런데 그건 강의 경우와 똑같아. 넌 두 번째 뛰어들 때에는 강이 똑같지 않다고 말했지. 그게 똑같은 강이 아니라면 강은 하나가 아닌 둘이라고 말이야. 그렇지?

아이샤 : 그래. 맞아.

캐롤 : 그럼 네가 어떤 사람을 만나고 다음에 다시 만날 때 그 사람 역시 여러 가지로 변해 있을 거라고, 안 그래?

아이샤 : 그렇겠지.

캐롤 : 네가 두 번째로 만난 사람은 여러 모로 달라졌을 거야. 그래서 똑같은 사람이 아니야. 네가 만난 사람이 같은 사람이 아니라면 넌 한 사람이 아닌 두 사람을 만나는 거야!

아이샤가 감탄하면서 공을 집어들었다.

아이샤 : 어머, 정말! 난 거기까진 생각을 못했는데!

캐롤 : 그래. 사실 네가 첫 번째로 만났던 사람은 사라진 거야! 변화가 생긴 순간 그 사람은 영원히 사라지고 새로운 사람으로 대체되지. 그리고 또 다른 변화가 생긴 순간 그 사람 역시 사라져서

세 번째 사람으로 교체돼. 일단 변화가 생길 때마다, 그 변화가 아무리 작다 해도 그는 다른 사람이야. 똑같지가 않아. 그래서 새로운 사람이 먼젓번 사람의 자리를 차지하는 거지.

아이샤가 볼링 공을 도로 내려놓았다. 캐롤의 말을 되씹고 있었던 것이다.

아이샤 : 아니, 잠깐만. 그럼 넌 어제 내가 얘기하던 그 사람이 아니네.

캐롤 : 사실 넌 어제 존재하지도 않았어. 그러니 누구하고도 얘기하지 않았고! 우리 둘 다 어젠 없었던 거야! 결국 어제의 대화도 완전히 다른 두 사람이 했던 거지!

아이샤 : 그건 어째 틀린 것 같은데?

캐롤 : 아냐, 맞다니까! 우린 또 하나의 놀라운 발견을 해낸 거야! 실은 똑같은 강에 두 번 뛰어들 수 없는 두 번째 이유가 있어. 똑같은 하나의 강에 두 번째로 뛰어들 수 없을 뿐 아니라, 뛰어드는 사람도 내가 아니거든. 난 더 이상 존재하지 않을 테니까. 두 번째로 뛰어드는 사람은 전혀 새로운 사람이야.

아이샤는 깜짝 놀란 표정이었다. 캐롤은 볼링 공을 들고 핀을 겨냥했다.

캐롤 : 그런데 방금 좀더 놀라운 걸 발견했어. 불과 2분 전에 이 대화를 시작한 사람도 이제 존재하지 않아. 실제로 우리는 항상 변하고 있으니까. 심지어는 이 말을 꺼낸 사람도 말을 마치는 사람과 똑같지 않아. 사실…

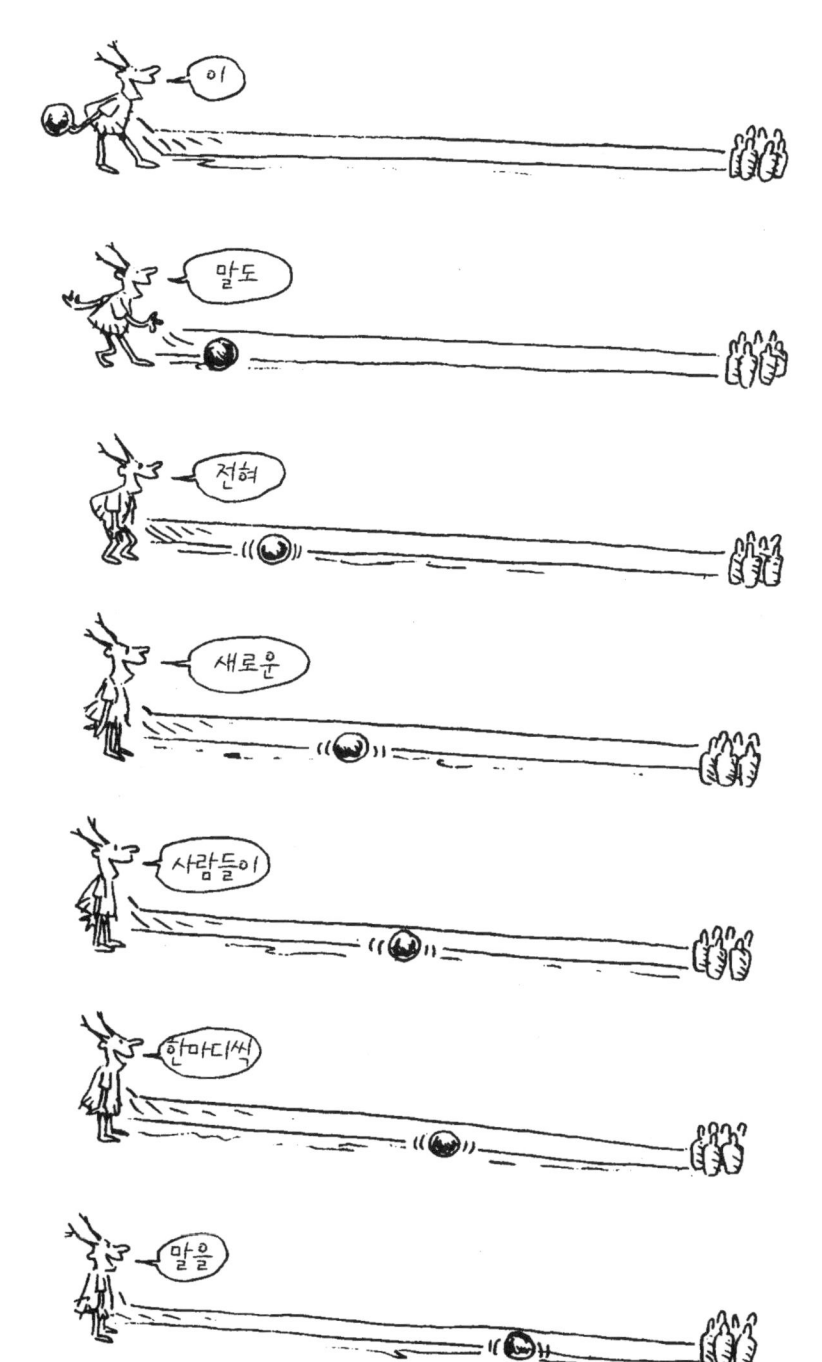

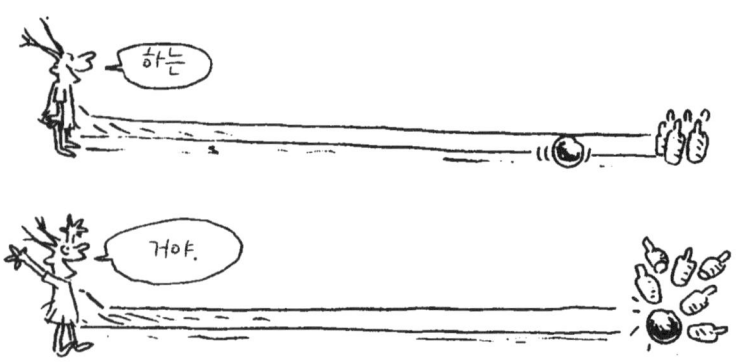

아이샤는 점점 미심쩍은 느낌이 들었다.

아이샤 : 정말 놀라워, 캐롤. 그냥 놀라운 정도가 아니라 지나치게 놀라워. 까놓고 말해서 엉터리 같아. 우리가 어디서 실수한 거 아니니?

캐롤 : 설마 따분한 그 상식 얘기로 돌아가려는 건 아니겠지? 상식은 틀릴 수 있어. 틀린 적이 많다구. 너도 그렇게 말했잖아.

하지만 아이샤는 그들이 어디선가 실수했다는 느낌을 지울 수 없었다.

아이샤 : 그래, 그랬지. 하지만 지금 생각하면 그렇게 빨리 상식을 포기해선 안 될 것 같아. 1분 전, 아니 1초 전에도 우리 둘 다 존재하지 않았다니, 말이 안 되지 않니? 우리가 분명 어디선가 길을 잘못 든 거야.

토피 애플 사건

아이샤가 배고프다고 했다. 두 사람은 토피 애플(막대기에 꽂아

70

시럽을 친 사과) 매점에 가서 토
피 애플 하나씩을 샀다.

아이샤는 토피 애플을 곧바로
입에 넣었다. 캐롤은 그걸 들고
식히고 있었다.

캐롤이 토피 애플을 깨물려고 하는 순간,
아이샤가 캐롤의 토피 애플을 덥석 뺏어서
는 크게 한입 커다랗게 베어먹었다.

캐롤 : 야아! 뭐하는 거야?

아이샤 : 내가 뭘 어쨌는데?

캐롤 : 방금 내 토피 애플을 반이나 먹었잖아! 그런 게 어딨어!

아이샤 : 아니, 난 안 그랬어.

캐롤 : 그랬어! 내가 똑똑히 봤다구!

아이샤 : 아니, 네 말은 틀려.

캐롤이 금방이라도 폭발할 것 같은 표정을 짓자 아이샤가 그럴
싸하게 해명했다.

아이샤 : 난 네 토피 애플을 안 먹었어. 네 논증에 따르면 2분 전
에 난 존재하지도 않았어. 안 그래?

캐롤 : 그게…. 어, 맞아.

아이샤 : 맞지? 그러니까 네 토피 애플을 먹은 사람은 전혀 다른
사람이야.

아이샤는 캐롤에게 나머지 토피 애플을 돌려주었다.

71

아이샤 : 어떤 경우든 넌 손해본 게 없어. 아까 뺏기기 전에 그 토피 애플을 먹으려고 했던 사람도 네가 아니니까. 넌 방금 아주 잠깐 동안 존재했잖아.

캐롤 : 너 어떻게 된 거 아냐!

아이샤 : 그냥 네 논증대로라면 난 아무 잘못도 없다고 얘기하는 것뿐이야. 그런데 왜 나보고 뭐라 그래?

사실 아이샤의 말이 옳다. 캐롤의 논증이 옳다면 토피 애플을 뺏은 사람은 캐롤 앞에 있는 사람이 아니다. 토피 애플을 뺏은 사람은 더 이상 존재하지 않는다. 하지만 아무래도 그건 웃긴다, 그치? 캐롤조차도 토피 애플을 뺏은 사람이 정말 사라졌다고는 믿지 않았으니까.

두 가지 수수께끼

아이샤와 캐롤은 두 가지 수수께끼에 부닥쳤다. 첫 번째 수수께끼는 이것이다. 어떻게 보면, 똑같은 강에 두 번 뛰어들 수 있다는 건 분명하다. 이것은 상식의 관점이다. 또 한편으로 아이샤의 논증대로라면, 똑같은 강에 두 번 뛰어들 수는 없는 것 같다. 강은 변해 있을 것이다. 그러니 똑같을 수 없다. 만약 그게 똑같은 강이 아니라면 놀랍게도 강은 하나가 아닌 둘이어야 한다.

똑같은 사람을 두 번 만날 수 있느냐 할 때도 비슷한 수수께끼에 부닥친다. 상식의 관점에서는 똑같은 한 사람을 두 번씩 만날 수 있다. 한편 캐롤의 논증에 따르면 그럴 수가 없는 것 같다.

자, 이 두 가지 수수께끼를 어떻게 풀어야 할까? 상식의 관점을 포기해야 할까? 아니면 상식을 부정하는 듯한 이 논증에 뭔가 틀린 게 있을까? 이 논증에 뭔가 틀린 게 있다면 대체 그게 뭘까? 여러분은 뭐라고 생각하는지?

헤라클레이토스

이 수수께끼는 아주 오래 된 것이다. 따져보면 2500년은 될 것이다. 고대 그리스에 살던 철학자 헤라클레이토스(Heracleitos)가 똑같은 강에 두 번 뛰어들 수 없다고 주장한 장본인으로 일컬어진다.

헤라클레이토스가 그렇게 주장했다면 아마 아이샤와 비슷한 논증으로 그런 결론에 이르렀을 것이다.

내가 등장하다

다시 아이샤와 캐롤 이야기. 이제 두 사람은 서로를 심술궂게 노려보고 있다. 캐롤은 조용히 나머지 토피 애플을 먹었다.

그런데 마침 그날 내가 그 볼링장에 갔다. 나는 그들에게 다가가 인사했다.

나 : 어쩌다 너희들 얘기를 듣게 됐어. 똑같은 강에 두 번 뛰어든다거나 똑같은 사람을 두 번 만날 수 없다는 얘기 말이야.

캐롤 : 미안해요. 우리 목소리가 좀 컸죠?

나 : 뭐, 난 볼링을 잘 못하니까 별로 상관없어.

아이샤 : 그런 것 같았어요. 아까 보니까 넘어지던데요?

나 : 하지만 그 철학 수수께끼를 푸는 데는 내가 도움이 될 것 같은데?

캐롤 : 어떻게요?

나 : 응, 너희들은 지금 혼란에 빠져 있어. 내가 좀 정리해줄게.

아이샤 : 혼란이라뇨? 무슨 말씀이죠?

두 종류의 똑같음

나는 '똑같다'는 말이 실은 서로 다른 두 가지 뜻으로 쓰이고 있음을 설명했다. 그들은 완전히 다른 종류의 똑같음을 놓고 말하고 있었던 것이다.

나 : 그 혼란에서 빠져나오려면 똑같다는 것에도 두 종류가 있다는 걸 구분해야 해.

아이샤 : 무슨 말인지 모르겠어요. 똑같다는 게 두 종류라뇨?

나 : 들어봐. 이 볼링 공 두 개를 보자.

나는 근처 플로어에 있는 볼링 공 두 개를 가리켰다.

나 : 이 두 개의 공은 똑같은 공이 아니야. 그렇지? 우리 앞에는 하나가 아닌 두 개의 공이 있어. 맞지?

아이샤 : 물론이죠.

나 : 그럼 '이 공들은 똑같지 않다' 는 문장이 있어. 즉 똑같은 하나의 공이 아니다. 공의 개수는 하나가 아닌 둘이다.

아이샤 : 그래요.

나 : 하지만 다르게 보면 이 두 개의 공이 똑같을 수도 있지. 둘다 둥그렇지. 둘 다 검은색이고, 무게도 똑같아. 게다가 똑같은 재료로 만들어졌고 말이야. 이 두 개의 공은 여러 가지 속성상 똑같아. 안 그래?

아이샤 : 그래요, 당연하죠.

나 : 자, 두 가지 사물이 똑같은 속성을 지니고 있을 때 철학에서는 질적으로 똑같다고 하지.

아이샤 : 네에.

나 : 물론 이 두 공의 속성을 낱낱이 따지자면 질적으로 완전히 똑같지는 않아. 둘 사이엔 사소한 차이점이 많은데, 대부분은 너무 작아서 눈에 보이질 않지. 하지만 모든 속성이 완전히 똑같은 두 개의 공이 있지 말란 법도 없겠지. 안 그래?

이 두 공은 질적으로 완전히 똑같다.

캐롤 : 그렇겠죠.

나 : 그렇다면 이 두 개의 공이 모든 면에서 질적으로 완전히 똑같다고 해보자. 둘 다 똑같은 속성을 지녔다고 말이야. 둘 다 검은색이고 무게도 정확히 똑같아. 사실 이 두 공은 원자 하나까지 아주 똑같아.

그래도 이 두 공은 똑같은 하나의 공은 아니겠지? 여전히 하나가 아닌 두 개의 공이라구. 안 그래?

캐롤 : 네. 공은 두 개죠.

나 : 맞아. 그러니까 이 두 공은 질적으로는 완전히 똑같지만 그렇다고 똑같은 공은 아니라는 얘기지. 이 공들은 똑같은 하나의 공이 아닌 거야. 우리 철학자들은 이럴 때 이 공들은 수적으로 똑같지 않다고 해. 왜냐하면 공의 개수가 하나가 아니라 둘이니까.

그러나 수적으로는 똑같지 않다.

아이샤 : 알겠어요. 그러니까 똑같다는 것에는 두 가지가 있다는 거죠? 질적으로 똑같은 것과 수적으로 똑같은 것.

나 : 그렇지!

캐롤 : 결국 이 볼링 공들이 질적으로는 똑같으면서 수적으로는 똑같지 않을 수 있다는 거로군요. 그러니까 두 공이 완전히 똑같은 속성을 지닌다고 해도 하나가 아닌 두 개의 공이다.

나 : 바로 그거야!

질적으로 똑같지 않되 수적으로 똑같은 것

사실 질적으로는 똑같되 수적으로 똑같지 않은 사물뿐 아니라 다음처럼 수적으로는 똑같되 질적으로 똑같지 않은 사물도 있다.

나 : 그럼 질적으로는 똑같지 않되 수적으로 똑같은 예를 들어볼

까? 저 검은색 볼링 공을 가져다가 흰색으로 칠한다고 해보자. 일
단 칠을 하고 나면 그 공은 아까의 공과는 질적으로 똑같지 않겠
지?

캐롤 : 네. 한 가지 속성이 달라요. 검은색이 아니라 흰색이니까.

나 : 맞았어. 결국 그 공은 질적으로 똑같지 않아. 하지만 수적으
로는 여전히 똑같은 공이야. 색이 바뀌긴 했어도 공은 두 개가 아니
라 하나거든.

캐롤 : 그러네요.

나 : 다른 예를 들어볼까? 내 앞에 맛있는 케이크가 든 접시가 있
다고 해보자.

내가 그 케이크를
조금 떼어먹었어.

그럼 내 앞의 접시에
담긴 케이크는 똑같
은 케이크일까?

캐롤 : 똑같기도 하고 똑같지 않기도 해요. 수적으로는 똑같은
케이크죠. 하지만 질적으로는 먼저 있던 거와 똑같지 않아요. 무게

도 조금 덜 나가고 모양도 약간 다르죠. 조금 없어졌잖아요.

나 : 그렇지! 이 케이크는 수적으로는 똑같되 질적으로 똑같지 않은 또 다른 예지. 내가 그 케이크를 조금 떼어먹었다고 해서 내 앞에 있는 케이크가 아까 있던 것과 수적으로 똑같지 않은 건 아니니까.

아이샤 : 알겠어요.

아이샤는 어디서 틀렸을까?

나는 아이샤의 논증에서 뭐가 문제인지 설명했다.

아이샤는 이렇게 말했었다.

> 네가 두 번째로 강에 뛰어들 때에는 그 강은 바뀌었을 거야. 그러니까 똑같은 강이 아니지. 그게 똑같은 강이 아니라면 네가 뛰어든 강은 하나가 아닌 둘인 거야.

여러분은 이제 이 논증의 문제점을 눈치챘는지? 아이샤는 먼저 두 번째로 뛰어든 강이 전에 있던 강과 '질적'으로 완전히 똑같지는 않다는 점을 정확히 지적했다. 당연하지만 여러분이 두 번 뛰어드는 사이 강은 몇 가지 면에서 질적으로 바뀌기 때문이다. 사물들이 움직였겠고 물도 흘렀을 것이고 등등. 물론 이것은 그리 대단한 철학적 발견이 못 된다. 그렇지? 강에 대해 확실하고도 약간은 따분한 사실일 뿐이다.

반면 '수적'으로 똑같은 강에 두 번 뛰어들 수 없다는 주장은 훨씬 더 흥미롭다. 아이샤가 지어낸 주장이 바로 이것이다. 그녀는 여러분이 뛰어든 강이 하나가 아니라 둘이라고 말한다. 진짜로 아이샤가 '수적'으로 똑같은 강에 두 번 뛰어들 수 없다는 걸 증명했다면 정말 굉장했을 텐데.

문제는 아이샤는 그런 건 증명하지 못했다는 점이다. 아이샤의 논증은 빈약한 논증이다. 아이샤가 '똑같다'는 말을 두 가지 다른 뜻으로 사용하는 걸 우리가 눈치채지 못할 때에만 이 논증은 설득력을 지닌다. 실제로 그 강은 먼젓번 강과 '질적'으로 똑같지 않을 것이다. 그러나 강이 먼젓번 강과 질적으로 똑같지 않다고 해서 '수적'으로 똑같은 하나의 강이 아니라고 할 수는 없다.

물론 똑같은 사람을 두 번 만날 수 없다는 캐롤의 논증 역시 마찬가지 이유로 나쁜 논증이다.

수수께끼의 해답

결국 우리는 두 가지 수수께끼를 풀어냈다.

첫 번째 수수께끼는 이것이었다. 상식에 따르면 여러분은 똑같은 강에 두 번 뛰어들 수 있다. 반면 아이샤의 논증에 따르면 여러분은 똑같은 강물에 두 번 뛰어들 수 없을 것 같다. 강은 하나가 아니라 두 개일 테니까. 우리는 아이샤의 논증에서 틀린 점을 찾거나 아니면 상식의 관점을 포기해야 할 처지였다.

이제 우리는 이 한 가지 철학적 수수께끼에는 해답이 있음을 확인했다. 아이샤의 논증에 틀린 점이 있었던 것이다. 그래서 어쨌든 상식의 관점을 유지할 수 있게 되었다. 누군가가 아이샤보다 더 나은 논증을 제시한다면 또 모르겠지만.

물론 사람이 똑같은 한 사람을 두 번 만날 수 없다는 캐롤의 수수께끼 역시 같은 방법으로 해결된다.

79

말에 걸려 넘어지다

아이샤와 캐롤이 어디서 틀렸는지 설명을 끝낸 후, 우리 셋은 밀크 셰이크를 사먹었다.

캐롤은 한결 마음이 가벼웠다. 그 두 가지 수수께끼 때문에 정말 괴로웠던 것이다. 그러나 아이샤는 약간 실망한 모양이었다.

캐롤 : 그렇다면 우리 둘 다 대단한 철학적 발견을 한 건 아니네요. 그렇죠?

나 : 솔직히 그래.

아이샤 : 난 내가 철학 천재인 줄 알았는데. 사실은 헷갈렸던 거로군요!

나 : 그래. 너희들은 언어에 속은 거지. 가끔씩 그런 일이 있어. 굉장한 철학적 발견을 했다거나 어려운 철학 문제에 부딪쳤다고 생각될 때, 실은 언어에 걸려 넘어진 경우가 많아.

아이샤 : 우리가 어떡하다 언어에 걸려 넘어졌죠?

나 : 응, 너희들은 특정 단어들이 어떻게 쓰이는지 충분히 주의

를 기울이지 않았던 거야. '똑같다'는 표현이 한 가지 이상으로 쓰인다는 사실을 못 본 거지.

캐롤 : 정말. 아이샤가 '똑같다'는 말을 쓰는 걸 듣긴 했지만 매번 다른 의미로 쓴다는 걸 미처 몰랐어요.

나 : 바로 그거야. 아이샤는 그 강이 질적으로 '똑같지' 않다는 데서 말을 시작해서는 나중엔 그러므로 그 강이 수적으로도 '똑같지' 않다고 결론지은 거지. 아이샤가 '똑같다'는 말을 이 두 가지로 쓰고 있다는 사실을 눈치챘다면 그 논증은 통하지 않았을 거야.

교훈

아이샤와 캐롤에 얽힌 이 이야기에는 재미있는 교훈이 있다. 그 교훈은 이것이다. 때로 우리가 굉장한 철학적 발견을 했거나 또는 어려운 철학 문제에 부딪친 것처럼 보일 때가 있지만 사실은 언어의 장난에 속은 것에 불과한 경우가 많다는 것이다.

물론 놀라운 철학적 '발견'들이 전부 언어의 장난에 속아넘어간 결과라는 건 아니다. 혹시나 여러분이 어쩌다 이런 철학적 '발견'을 하게 된다면 항상 이 점을 명심하기 바란다. 여러분이 언어의 장난에 속았을 수도 있다는 사실을.

비트겐슈타인의 철학

실제로 루트비히 비트겐슈타인 (Ludwig Wittgenstein)이라는 아주 유명한 철학자는 모든 철학 문제는 우리가 언어의 장난에 속은 결과라고 주장했다. 비트겐슈타인에 따르면 우리가 항상 철학적 어려움에

빠지게 되는 건 언어가 쓰이는 방식의 차이점을 못 보고 지나치기 때문이다. 그는 이런 철학적 수수께끼를 없애려면 이같은 쓰임새의 차이를 제대로 보아야 한다고 주장했다.

똑같은 강에 뛰어들기나 똑같은 사람 만나기라는 두 가지 수수께끼는 비트겐슈타인의 주장에 꼭 들어맞는다. 우리는 이제 그 두 가지 문제가 언어에 속아넘어간 결과임을 알고 있다. 각각의 경우에서 우리는 '똑같다'는 표현이 두 가지로 다르게 쓰이고 있다는 사실을 그냥 지나쳐버렸다. 바로 그 점이 모든 문제를 불러왔다. 그러나 '똑같다'는 표현이 두 가지로 다르게 쓰인다는 걸 이해한 뒤에는 문제들이 사라져버렸다.

그런데 철학의 모든 수수께끼가 단어를 비롯한 여러 기호의 서로 다른 쓰임새를 간과한 결과라는 비트겐슈타인의 말이 과연 옳을까? 철학의 모든 수수께끼를 제거하는 길은 언어의 여러 쓰임새를 면밀히 살펴보는 것이라는 말이 정말 맞는 걸까? 이것은 철학자들이 거세게 반발하는 문제이기도 하다.

여러분 생각은?

4장
옳고 그름의 기준은 어디에 있을까?

불량소녀 해리엇

해리엇이란 여자 아이가 있다.

해리엇은 초등학교에 다닌다.
그러나 별로 착한 학생은 아니다.
해리엇은 다른 아이들을 때리고 용
돈을 빼앗는다.

또 도서관 책을 찢는가 하면 다른 아이들의 자전거를 망가뜨리
기도 한다. 사실 해리엇 때문에 다른 아이들은 지내기가 이만저만
힘든 게 아니다.

살인자 머피

물론 우리도 나쁜 짓을 저지른다. 우리가 저지른 나쁜 짓에 죄책
감을 느끼기도 한다. 그리고 지금보다 착한 사람이 되어야겠다고
생각한다. 내가 저질러놓고서 죄책감을 느끼고, 하지 말걸 하고 후

회하는 일들이 너무도 많다. 이건 여러분도 마찬가지일 거다. 완벽한 사람은 없으니까.

해리엇이 하고 다니는 짓들이 나쁘긴 하지만 그보다 더 나쁜 짓들도 많다. 예를 들어 머피를 보자. 머피는 카우보이다. 한편 살인자이기도 하다. 머피는 힘없는 나그네들을 아무나 총으로 쏘아 죽이고는 그들의 돈을 빼앗는다. 머피는 아래 그림처럼 가족이 기다리는 집으로 돌아가던 한 불쌍한 카우보이를 죽인다. 그 사람은 총도 갖고 있지 않았다.

다른 사람을 죽이는 건 당연히 사람이 할 수 있는 가장 나쁜 일로 여겨진다.

도덕

해리엇과 머피 얘기는 왜 하냐고? 그들이 한 일의 '도덕'에 관해 얘기하려고. 해리엇과 머피는 '해서는 안 되는' 짓을 했다.

물론 도덕이란 우리가 하지 말아야 하는 일에 관한 것만은 아니다. 여기에는 우리가 '해야 할' 일도 포함된다. '옳은' 일에 관한 것이기도 하다.

블랙 씨가 브라운 씨한테서 올라타고 노는 물렁공을 빌렸다고 해보자.

　그런데 블랙 씨가 그 물렁공을 타다가 너무 흥분한 나머지 물렁
공에 구멍을 내고 말았다.

　블랙 씨는 어떻게 해야 할까? 그는 그 공을
브라운 씨가 보기 전에 그 집 마당에 몰래 던
져넣고 달아날까도 생각했다. 그러나 블랙
씨는 '옳은' 일을 했다. 그는 브라운 씨한테
자기가 물렁공에 구멍을 냈다고 인정한다.
그러고는 고쳐주기로 한다.

　빚을 갚는 것, 어려움에 처한
사람을 돕는 것, 진실을 말하는
것 역시 옳은 일에 속한다.

　우리가 도덕(옳고 그름)을 얘기
할 때에는 우리의 삶을 어떻게 살
아야 하는지를 말하는 것이다. 대
부분의 사람들은 거짓말, 사기, 훔치는 것, 죽이는 것 등은 도덕적
으로 나쁘다고 생각한다. 정직하고 진실되어야 한다고 느낀다. 또
다른 사람들을 존중해야 한다고 느낀다.

도덕과 법
　중요한 것은 도덕(옳고 그름)을 법과 혼동하지 않는 것이다. 물론 도덕과 법이 일치하는 경우도 있다. 예를 들자면 물건을 훔치고 사람을 죽이는 것은 둘 다 도덕적으로 나쁘다. 또한 둘 다 법에 위배된다. 그러나 도덕과 법이 반드시 일치하는 건 아니다.

얼마 전까지 남아프리카 공화국에는 아파르트헤이트(apartheid)란 법이 있었다. 이 법은 흑인들과 백인들을 갈라놓는 법이었다. 이 법은 흑인들을 2류 시민으로 취급했다. 흑인들은 선거권도 없었다. 이들은 못 사는 동네, 쓰러져가는 특정 지역에서만 살아야 했다. 남아프리카 공화국의 많은 것들은 오직 백인만을 위한 것이었다.

그러나 흑인들이 어떤 지역에 살거나 어떤 물건을 사용하는 것이 법에 위배되는 것일 수는 있지만 '도덕적으로 나쁜' 것은 아니었다. 남아프리카 공화국의 경우에서 잘못된 것은 오히려 그 '법'이었다. 결국 어떤 것이 위법이라고 해서 나쁘다고 볼 수만은 없다는 얘기다.

거꾸로 도덕적으로 나쁘지만 어떤 법에도 위배되지 않는 경우도 있다. 그 예로 토비라는 잘 생기고 욕심 많은 청년이 있었다. 그는 파티에 갔다가 한 친구한테서 저기 쇠약해 보이는 여자가 중병을 앓고 있으며 곧 죽을 거라는 얘기를 들었다.

그 여자는 좀 꺼벙하긴 해도 마음씨가 아주 착하고 굉장한 부자라는 것이었다. 게다가 친척들은 다 죽었다고 했다. 토비가 보기에도 그 여자는 못 생기고 우둔했지만 그날 저녁 그는 그 여자를 매력적이고 아름답게 여기는 척했다. 왜 그랬을까? 당연히 그 여자를 속여서 결혼하려는 속셈이었지. 그 여자가 자기한테 전 재산을 남겨주길 바라면서.

사실 대부분의 사람들은 토비의 행동이 도덕적으로 정말 나쁘다고 말할 것이다.

그러나 토비의 행동이 '위법'인 것은 아니다. 설사 토비가 그 여자를 속여 결혼한다고 해도 법을 어기는 게 아니다. 그러므로 도덕적으로 나쁘다고 항상 위법인 것은 아니다.

살인은 항상 나쁠까?

우리 모두는 살인은 나쁘다고 생각한다. 그러나 죽이는 게 뭐가 나쁠까? 양이나 벼룩, 풀 한 포기를 죽이는 건? 물론 대부분의 사람들이 이런 것들을 죽이는 건 전혀 나쁘지 않다고 말할 것이다. 우리가 죽여서 안 되는 것은 다른 사람들이라고 할 것이다.

그러나 다른 사람을 죽이는 것이 '항상' 잘못일까? 이런 경우를 생각해보자. 여러분은 옛날 서부 시대의 목장지기이다. 살인자 머피가 여러분 집에 침입했다. 머피는 두 자루의 권총을 꺼내 여러분과 식구들을 겨냥하고는 다들 죽이고 돈을 모

두 훔쳐가겠다고 위협했다.

　여러분의 손에는 총이 숨겨져 있다. 이제 식구들이 살인자 머피의 손에 죄다 죽는 비극을 막으려면 총을 쏘아서 그를 죽여야만 한다. 여러분은 어떻게 하겠는가? 틀림없이 살인자 머피를 쏘아 죽인다고 하겠지. 여러분은 분명 그게 옳은 일이라고 대답할 것이다.

　그렇다면 다른 사람을 죽이는 게 항상 나쁜 건 아닌 모양이다. 다른 사람을 죽이는 게 나쁘다는 건 모두가 동의하지만 그것이 항상, 어떤 경우에도 나쁘다고 하는 사람은 별로 없다. 그저 일반적으로 말해서 살인이 나쁘다는 것이지 예외는 있다.

　그 밖의 도덕 원칙에 대해서도 예외는 있을 것이다. 예를 들어 거짓말하는 건 나쁘다는 도덕 원칙을 보자. 머피가 집을 털어야겠는데 근처에 마땅한 집이 있냐고 여러분한테 묻는다고 하자. 여러분은 그런 집이 있는 걸 알고 있지만 모르겠다고 거짓말을 하는 게 나쁜 짓일까? 그렇지는 않을 것이다.

　그밖에도 예외가 있는 도덕 원칙은 여러분 스스로 생각해보도록. 이를테면 훔치는 것이 나쁘지 않은 그런 예 말이다.

도덕의 기준은 어디에 있을까?

　우리는 도덕, 즉 옳고 그름에 관해 얘기하고 있다. 이제 내가 생각하는 중대한 철학 고민을 얘기할 때가 된 것 같다. 내 고민은 이

88

것이다. '도덕의 기준은 어디에 있을까?' 사람들은 이 질문에 여러 가지로 답한다. 그 중 세 가지를 살펴보기로 하겠다.

첫 번째 대답은 '도덕의 기준은 우리한테 있다'는 것이다. 우리가 바로 도덕, 즉 옳고 그름의 원천이다. 우리가 어떤 것을 '옳다'고 하고 다른 것을 '그르다'고 하는 건 우리가 그것을 어떻게 생각하는지, 또는 느끼는지를 반영한 것이다. 우리의 느낌 또는 생각과는 상관없이 옳거나 그른 건 없다.

'도덕의 기준은 어디에 있을까?' 하는 질문의 두 번째 대답은 사뭇 다르다. '도덕의 기준은 신한테 있다.' 무엇이 옳고 무엇이 그른지는 신이 정한다는 것이다. 어쩌다 누가 저지른 일에 대해 아무도 잘못이 아니라고 느낀다 해도 신이 나쁘다면 그건 나쁜 짓이다.

도덕의 기준에 대한 세 번째 답은 '어쨌든 옳거나 그른 건 정해져 있다'는 것이다. 우리가 어떻게 생각하거나 느끼든, 심지어 신이 어떻게 생각하든 상관없다.

여러분 생각은?

여러분은 이 세 가지 중 뭐라고 답할까? 도덕은 우리가 그것을 어떻게 생각하거나 느끼는지를 반영하는 것일까? 아니면 신이 정하는 것일까? 아니면 우리나 신이 어떻게 생각하거나 느끼든지 간에 어쨌든 옳거나 그른 행위는 따로 정해져 있는 걸까? 이 세 가지 중 어느 답이 옳은지 알아보기 위해(만약 있다면) 좀더 자세히 살펴보기로 하자.

답 1 : 도덕의 기준은 우리이다

도덕의 기준이 어떻게 우리한테 있을까? 다음의 유명한 철학 이론 두 가지는 도덕의 기준이 우리라는 것이다.

도덕의 기준은 우리이다 : 느낌 이론

살인자 머피가 술집에서 술을 마실 때였다. 다른 카우보이가 들어와서 맥주 한 잔을 주문한다. 머피는 이 사나이한테 총이 없다는 걸 눈여겨보았다. 그리고 그의 지갑에 돈이 많이 들어 있는 것도 보았다.

이 카우보이가 맥주를 다 마시고 사막으로 떠나자 머피가 몰래 그를 따라나섰다. 그리고 아무도 보는 사람이 없다는 확신이 들자 그 카우보이 뒤로 몰래 다가가 뒤에서 총을 쏘았다.

머피는 그 사람을 사막에 버려둔 채 돈을 훔쳐 달아났다.

그런데 머피가 그 불쌍한 카우보이의 뒤에서 총을 쏘는 걸 내가 보았다고 하자. 나는 "머피의 행위는 나쁘다!"고 말한다.

내가 이름 붙인 '느낌 이론(Feeling Theory)'에 따르면 내가 '머

머피가 하는 짓은 나빠요.

피의 행동은 나쁘다!' 고 말할 때에는 머피의 행동에 대해 어떤 '느낌' 을 가지고 있음을 말하는 것이다. 나는 나 자신을 주장하고 있다. 즉 나는 머피의 행동을 비난한다고 말하고 있다.

그러니까 내가 비난을 한다는 것은 머피가 뭔가 나쁜 짓을 하고 있다. 내 말이 참이라는 얘기다.

마찬가지로 누군가 빚을 갚는 걸 보고서 내가 '저 사람은 옳은 일을 하고 있어' 라고 한다면 난 그 사람의 행동에 찬성한다고 말하는 것과 같다.

보다시피 느낌 이론에 따르면 '도덕의 기준은 우리한테 있다.' 어떤 행위에 찬성하거나 비난함으로써 우리가 그것을 옳게 또는 나쁘게 만든다.

도덕의 기준은 우리이다 : 우-와 이론

도덕의 기준이 우리라는 또 하나의 이론이 있다. 철학자들은 이 이론을 종종 '우-와 이론(Boo-Hoorah Theory)' 이라고 한다.

방금 본 것처럼 느낌 이론에 따르면 내가 뭔가를 나쁘다고 할 때는 내가 어떻게 느끼는지를 주장하는 것이다. 반면 우-와 이론에 따르면 나는 내 느낌을 '주장' 하는 것이 아니다. 내 느낌을 '표현' 하는 것이다. 대체 뭐가 다르냐고?

내가 돼지 달리기 경주를 구경한다고 하자.

나는 10-1의 분홍이 플래시한테 5파운드를 걸었다. 분홍이 플래시가 이기면 5파운드를 따는 것이다.

경주 시작. 분홍이 플래시는 출발이 늦었다. 그런데 어느 돼지, 흰둥이 해리가 분홍이 플래시를 밀었다. 나는 화가 나서 소리쳤다. "우우, 흰둥이 해리 봐라!" 분홍이 플래시는 벌떡 일어났다. 곧이어 다른 돼지들을 따라잡았다. 마침내 몇 미터를 남겨놓고 분홍이 플래시가 앞으로 나온다. 1등이다!

나는 소리쳤다. "와, 분홍이 플래시!"

내가 '와, 분홍이 플래시!' 하고 외칠 때 내 말은 참일까 거짓일까? 물론 어느 쪽도 아니다. 나는 참이라고 말하고 있지 않다. 그렇다고 거짓이라고 말하는 것도 아니다. 나는 어떤 종류의 주장을 하는 게 아니다. 하다못해 내 느낌을 주장하는 것도 아니다.

그럼 '와, 분홍이 플래시!' 하고 말했을 때 내가 한 게 뭐냐고? 나

92

는 내 느낌을 '표현' 한 것이다. 내 기쁨을 표현하고 있다. 마찬가지로 '우, 흰둥이 해리!' 하고 외칠 때에도 나는 내 느낌을 표현하고 있다. 흰둥이 해리가 한 일이 나쁘다는 내 비난을 표현하는 것이다.

그런데 우─와 이론에 따르면 머피가 카우보이를 쏘는 것을 보고 내가 '머피의 짓은 나쁘다!' 고 말할 때에도 비슷한 일이 일어난다. 내가 '머피의 짓은 나쁘다!' 고 말하는 건 '우, 머피 좀 봐라!' 하고 외치는 것과 같다. 나는 머피의 행동에 대한 내 비난을 표현하고 있는 것이다.

마찬가지로, 내가 '빚을 갚는 건 옳은 일이야' 하고 말하는 건 '와, 빚을 갚다니!' 하고 빚 갚는 행위에 찬성을 표현하는 것과 같다. 이 두 경우 모두 난 내 느낌을 '주장' 하고 있는 게 아니다. 그냥 내 느낌을 '표현' 할 뿐이다.

결국 우─와 이론에 따르면 머피가 하는 짓이 나쁘다는 말은 '참도 거짓도 아니다.' 우─와 이론에 따르면 머피가 하는 짓이 나쁜지 아닌지에 관한 어떤 판단 근거도 없다('와, 분홍이 플래시' 에 판단 근거가 없는 거나 마찬가지다).

바그 인들

방금 우리가 살펴본 것은 도덕의 기준은 우리이다. 즉 도덕은 우리가 그 행위를 어떻게 느끼는지를 반영한 것에 지나지 않는다는 이론이었다. 여러분은 이 두 이론을 어떻게 생각하는지? 그럴 듯하게 보이는지?

오늘날의 많은 철학자들처럼 난 이 두 이론에 관해 고민해왔다. 내 고민을 설명하기 위해 바그 인 이야기를 해야겠다.

여기는 바그 행성, 바그 인들이 사는 곳이다.

바그 인들은 우리처럼 지능을 가진 생물체이다. 놀라운 우연의 일치지만 이들 역시 우리와 똑같은 언어를 쓴다. 심지어는 '옳은 것'과 '그른 것'에 관한 얘기도 한다.

그러나 무엇이 옳고 그른지에 대해 바그 인들이 느끼는 것은 완전히 다르다. 가장 기본적인 도덕 원칙은 '항상 최고를 추구하라!'이다. 모든 바그 인은 가능한 한, 다른 바그 인을 희생시켜서라도, 원하는 것을 얻기 위해 힘써야 한다고 굳게 믿고 있다. 그래서 도둑질하거나 사기치는 것도 옳다고 생각한다. 심지어 이들은 원하는 것을 얻을 수 있다면 다른 바그 인을 죽이는 행위도 옳다고 믿는다 (그렇다고 바그 인들이 항상 도둑질하고 남을 속이고 죽이면서 돌아다니는 건 아니다. 이들은 그렇게 해도 문제되지 않을 거라고 판단한 때에만 속이고 훔치고 죽인다).

바그 인들은 저마다 다른 바그 인을 희생시켜서라도 자기 이익을 좇아야 한다고 보기 때문에 자선 행위를 나쁘게 생각한다. 어쩌다 베풀고 싶은 마음이 들었다 해도 곧 죄책감을 느끼고 만다.

일부 바그 인들은 종교적이기까지 하다. 이들은 '바기' 라는 신을 믿으며 도덕은 신이 정하는 거라고 생각한다. 일요일이 되면 이들은 바그 교회에 가서 이기심의 덕에 관해 설교를 듣는다.

내가 바그 인 얘기를 왜 하게? 바그 인 같은 종족들이 느낌 이론이나 우-와 이론에 문제가 될 수 있기 때문이다.

느낌 이론의 문제점

바그 인 같은 이들이 왜 느낌 이론에 문제가 될까? 느낌 이론에 따르면 내가 '머피의 행동은 나쁘다!' 라고 말할 때에는 어떤 주장을 하고 있는 것이다. 나는 비난하고 있으므로 내 말은 참이다. 즉 머피는 뭔가 나쁜 짓을 하고 있다.

물론 바그 인이 '머피의 행동은 옳다!'고 할 때 이 바그 인은 머피의 행동에 찬성한다고 주장하는 것이다. 결국 바그 인은 찬성하고 있으므로 바그 인의 말 역시 참이다. 바그 인이나 나나 모두 옳은 것이다! 그러니 우리 서로의 의견은 기분좋게 일치한다!

하지만 이건 분명 앞뒤가 안 맞는다. 그렇지? 나는 '머피의 행동은 나쁘다!'고 하고 바그 인은 '머피의 행동은 옳다!'고 했으니 우리는 서로 반대되는 진술을 하고 있다. 둘 다 옳을 수는 없다. 우리가 서로 반대되는 진술을 하고 있다면 느낌 이론은 틀린 것이다.

우-와 이론의 문제점

바그 인들이 우-와 이론에는 왜 문제가 될까?

우-와 이론에 따르면 내가 '머피의 행동은 나쁘다!'고 할 때 난 주장을 하는 게 아니다. 그저 내 느낌을 표현할 뿐이다. 마치 '우, 머피 좀 봐라!' 하고 외치는 것과 같다. 마찬가지로 바그 인이 '머피의 행동은 옳다!'고 할 때에도 주장을 한 게 아니다. 그냥 느낌을 표현한 것뿐이다.

그럼 우-와 이론에 따른다면 머피의 행동에 대해 우리, 즉 바그 인과 나 중에서 누구의 말이 옳을까? 어느 쪽도 아니다! 우리 중에 누가 옳은지 판단할 수 있는 근거가 없다! 우-와 이론에 따르면 내가 한 말은 바그 인의 말과 마찬가지로 '참'이 아니다.

그런데 여기서 우-와 이론에 문제가 있는 게 아닐까? '머피의 행동은 나쁘다!'고 했을 때 분명 난 그저 느낌을 표현한 것만은 아니다. 나는 사실 주장을 하는 셈이다. 실은 내 말이 맞고 바그 인의 말은 틀렸다고 생각한다. 죽이는 것이 나쁜지 아닌지에 관한 판단 근거가 있다고 생각한다. 사실 나는 바그 인이 이 점에서 실수를 했다고 생각한다.

이것이 맞다면, 내가 '머피의 행동은 나쁘다!'고 할 때 내가 주장을, 즉 맞는 주장을 하는 거라면, 결국 우-와 이론 역시 틀렸다는 말이 된다.

여러분도 이 문제를 생각해봤겠지만, 확실히 도덕의 기준이 여러분일 수는 없지 않을까? 우리나 바그 인들이 살인을 어떻게 느끼든 간에 어쨌거나 사람을 죽이는 게 나쁘다는 건 사실이니까. 설사 살인은 전혀 나쁜 짓이 아니라는 바그 인들의 말에 우리가 동의한다고 해도 그래도 살인은 나쁜 행위일 것이다. 하지만 어떻게 그렇게 될까?

답 2 : 도덕의 기준은 신이다

지금 우리는 도덕의 기준이 어디에 있을까 하는 문제를 살펴보는 중이다. 지금까지 검토한 답은 도덕의 기준은 우리라는 것이었다. 그런데 이 대답은 옳지 않은 것 같다. 그렇다면 다른 답을 한 번 볼까?

많은 사람들에 따르면 우리가 뭐라고 하든 죽이는 것이 어쨌거나 나쁜 이유는 신이 그것을 나쁘다고 하기 때문이다. 신이 그 행위를 비난하기 때문에 죽이는 건 나쁘다.

도덕의 기준은
신이다.

옳고 그른 것을 우리가 어떻게 알까?

그렇다면 신이 용납하지 않는 행위가 뭔지 우리가 어떻게 알 수 있을까? 많은 이들이 이렇게 대답할 것이다. 성서나 코란 같은 종교서를 보고 안다고. 예를 들면 구약성서에는 십계명이 있다. 해야 할 것과 하지 말아야 할 것 10가지를 적은 목록인데 신이 모세한테 주려고 두 개의 석판에 이 십계명을 새겨놓았다고 한다.

물론 십계명 가운데 하나는 이것이다. '살인하지 말라.'

'도덕은 신에게서 나온다' 논증

정말 도덕은 신이 정하는 걸까? 이것이 옳고 저것이 그른 건 단지 신이 그렇게 말했기 때문일까?

요전에 라디오에서 한 남자가 말하는 걸 들은 적이 있다. 그 남자는 신을 믿지 않는 사람들에게 이렇게 주장했다. 만약에 신이 없다면 참된 도덕이란 있을 수가 없다는 거였다. 여러분이 도덕을 믿는 다면 신을 믿어야 한다는 것이다. 그 남자의 논증은 이런 식이다.

만약에 무엇이 옳고 그른지를 결정하는 신이 없다면 옳고 그름을 결정하는 건 우리가 되어야 합니다. 그러나 참된 도덕은 우리가 결정할 수 있는 것이 아니죠. 무엇이 옳고 그른지에 관해서는 독립된 판단 근거가 따로 있습니다. 사람을 죽이는 건 무조건 나쁜 일이죠. 우리가 뭐라고 말하거나 느끼든 상관없습니다. 그런데 죽이는 것이 무조건 나쁘다면 죽이는 것이 나쁘다고 말하는 신이 있기 때문에 나쁠 수 있는 것이죠. 도덕은 신에게서 나오는 것입니다. 그러므로 여러분이 도덕을 믿는다면 신 또한 믿어야 합니다.

이것을 '도덕의 기준은 신이다 논증' 이라고 하자. 이 논증은 흔히 볼 수 있는 내용이다. 나는 똑같은 얘기를 수많은 사람한테 들었다. 하지만 이것이 믿을 만한 논증일까?

신이 살인은 옳다고 한다면…

사실 도덕은 신이 정한다는 논증은 전혀 믿을 만하지 않다. 그 이유는 이렇다.

라디오의 그 남자는 살인은 신이 나쁘다고 했기 때문에 나쁘다고 주장한다. 신은 그 행위가 나쁘다고 말함으로써 살인을 나쁜 행위로 만들었다.

그러나 이것을 뒤집으면 만약에 신이 살인은 옳다고 말했다면 살인이 옳은 일이 된다는 얘기다. 이건 말이 안 된다. 그렇지? 신이 살인은 옳다고 했다고 하자. 그럼 살인이 옳은 일일까?

분명 아니다. 설사 신이 우리더러 살인해야 한다고 말했어도 사람을 죽이면서 다니는 건 나쁘다. 아무리 신이라도 사람을 죽이는 걸 옳은 일로 만들 수는 없다.

라디오의 그 남자는 이렇게 주장한다. 도덕의 기준이 우리한테 있을 수는 없다. 그건 우리가 옳다고 해서 살인이 옳은 일이 되지는 않기 때문이라고. 라디오의 남자는 신도 똑같다는 사실을 놓치고 있다. 살인은 신이 뭐라고 하든 역시 나쁜 일이다. 그러므로 똑같은 논증에 따라 도덕의 기준은 신이 될 수 없는 것이다.

답 3 : 아무튼 옳고 나쁜 건 정해져 있다.

지금 우리가 뭘 따져보고 있더라? 그렇지. '도덕은 어디에서 나오는가?' 하는 물음이다. 지금까지 이 물음에 대한 두 가지 답을 살펴보았다. 첫 번째가 도덕의 기준은 우리라는 답이었다. 두 번째가 도덕의 기준은 신이라는 것이었고. 그러나 어느 답도 맞지 않는 것 같다. 그럼 이제 세 번째 답을 살펴보기로 하자. 세 번째 답은 '아무튼 옳고 나쁜 건 정해져 있다' 는 것이다.

객관적인 도덕적 사실

우리, 또는 신이 어떻게 말하든 간에 어쨌든 살인은 나쁘다고 하는 사람들은, 살인이 나쁘다는 건 '객관적 사실'이라고 한다.

객관적 사실이 뭐냐고? 이를 테면 이런 거다. 내가 '뒤쪽의 탁자에는 펜이 있다'고 믿는다고 해보자.

내 믿음은 맞을 수도 있고 틀릴 수도 있다. 내 믿음이 맞는다고 해볼까? 내 믿음을 참으로 만드는 건 그 믿음과 일치하는 특정 '사실'이다. 즉 내 뒤의 탁자에 펜이 있다는 사실이다.

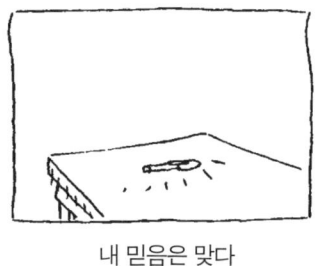

내 믿음은 맞다

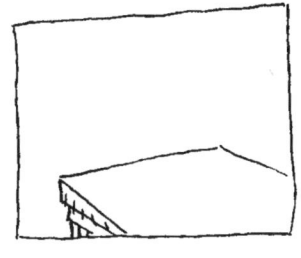

내 믿음은 틀리다

이 사실은 '객관적 사실'일 것이다. 그러니까 나나 다른 누군가가 그 탁자 위에 펜이 있다는 걸 알든 말든, 그리고 나나 다른 누군가가 그 탁자 위에 펜이 있다고 생각하든 말든, 그 탁자 위에 펜이 있다는 건 사실이라는 것이다. 탁자 위에 펜이 있다는 건 세상이 어떻게 되든 '거기' 있는 사실이며, 누가 뭐라고 생각하거나 느끼든 상관없이 엄연히 거기 있는 사실이다.

그렇다면 여러분은 살인자 머피의 행동이 나쁘다는 것 역시 객관적 사실이라고 생각할지도 모른다.

나쁘다

나는 머피의 행동이 나쁘다고 믿는다. 여러분은 내 믿음과 일치하는 사실, 즉 머피의 행동이 나쁘다는 사실을 근거로 내 믿음이 옳다고 생각할 수도 있다. 또한 이 사실은 객관적 사실이라고 생각할 것이다. 나나 다른 누군가가(신을 포함해서) 뭐라고 생각하거나 느끼든 상관없이 어쨌든 거기 있다는 것이다. 그렇다면 아무도 머피의 행동을 나쁘게 보지 않는다 해도 그것은 나쁜 행동이 된다.

정말로 객관적인 도덕적 사실이 있다면, '도덕의 기준은 어디 있을까?'에 대한 답은 이것이 된다. '그 기준은 우리나 신, 또는 다른 누구한테도 있지 않다.' 그것은 우리 모두와 독립해 있다.

이 논증은 맞는 것 같다. 그렇지? 분명 우리나 바그 인, 그리고 신까지 모두가 살인을 절대 나쁘지 않게 본다고 해도…

… 실제로 살인은 나쁜 것이다. 안 그런가? 결국 객관적인 도덕적 사실은 진짜 있는 것 같다.

나쁘다는 걸 어떻게 감지할까?

그렇지만 객관적인 도덕적 사실이 있다는 이 이론에도 몇 가지 문제는 있다. 그 중 가장 유명한 문제점은 '우리가 이 사실들을 어떻게 발견하는가?' 하는 것이다. 달리 말해서 살인이나 도둑질 같은 행위가 지닌 속성(나쁘다는)을 우리가 어떻게 감지하느냐는 것이다.

이 문제점을 설명하기 전에 얘기 하나 들어보도록. 지구를 찾아온 화성인 방문객 두 명에 관한 이야기다.

화성인 방문객

어느 날, 플립과 플롭이라는 두 화성인이 우리 집 뒷마당에 찾아왔다.

플립과 플롭은 우리와 매우 비슷하다. 이들 역시 눈과 귀, 입, 코, 두 개의 팔다리가 있다.

플립과 플롭은 나한테 비행접시를 타고 마을을 한바퀴 돌아보자고 했다. 곧이어 우리가 탄 비행접시가 이륙했다. 우리는 공중을 날며 창 밖으로 저 아래 마을을 내려다보았다.

플립과 플롭이 비행접시를 보이지 않게 작동시켰으므로 우리는 아무에게도 들키지 않고 지붕 위를 스쳐 지나갈 수 있었다. 우리는 마을을 한바퀴 돈 후 비둘기 떼를 보았다. 그리고 변두리의 좁은 길 위를 지나갈 때였다. 뭔가가 내 눈에 띄었다. 한 청년이 가게에서 나와 집으로 가던 여자의 지갑을 낚아채려 하고 있었다. 나는 재빨리 화성인들에게 이 장면을 가리켰다.

"저기!" 내가 말했다. "저 남자가 여자의 지갑을 뺏으려고 해. 나쁜 짓이야!"

플립과 플롭은 어리둥절한 표정을 지을 뿐이었다. 플롭이 말했다. "아, 그래. 나쁜 짓. 그런데 우린 지구인들이 옳다 나쁘다고 하는 걸 잘 몰라. 나쁜 짓이 뭔지 말해줄래?"

나쁜 짓은 어디에 있을까?

"저거 봐!" 난 그 강도를 가리켰다. "저 남자가 나쁜 짓을 하는 게 안 보여?"

그러나 플립과 플롭은 그의 행동이 나쁜 짓이라는 걸 이해하지 못했다.

"응." 플롭이 대답했다. "우리 눈은 지구인 눈과 똑같은데. 그런데 네가 '나쁜 짓이 보인다'고 하니까 정말 이상하다. 우리한테는 지구인들이 나쁘다고 하는 그게 안 보여. 나쁜 짓이 어디 있는데?"

화성인들은 대답을 기다리며 물끄러미 나를 쳐다보았다. 난 그들이 무슨 말을 하는지 알 수 없었다. 그러자 플롭이 말을 이었다.

"우리한테도 너희 지구인들과 똑같은 오감이 있어. 우리도 보고 들을 수 있어. 냄새맡고 맛을 볼 수도 있고. 너희들처럼 촉감도 느끼지. 하지만 우리 오감으로는 네가 '나쁘다'고 하는 걸 감지하지 못하겠어. 정말 수수께끼 같은 일이야. 우리가 알고 싶은 건 그거야. 나쁘다는 게 어디 있지? 가르쳐줘. 너희 인간이 어떻게 그걸 감지하는지 말해달란 말이야. 도대체 어떤 감각으로 그걸 감지하는 거지?"

그제서야 난 플립과 플롭이 무슨 말을 하는지 깨달았다. 확실히 나쁘다는 건 그런 식으로는 관찰되는 게 아닌 것 같았다. 한 예로 빨갛다는 건 여러분이 볼 수 있다(사과 같은 데서 볼 수 있다). 그러나 나쁘다는 건 보이지 않는다.

더스(DIRS) 스캐너

나는 여자의 손에서 지갑을 뺏으려고 기를 쓰는 그 남자를 내려

105

다 보았다. 솔직히 나는 그의 행동이 나쁘다는 걸 어떻게 감지하는
지 모른다. 그러면서도 그의 행동이 나쁘다는 느낌은 뚜렷했다. 그
래서 나는 그 강도가 하는 짓이 나쁘다는 걸 화성인들한테 다시 설
명했다.

"봐! 저 남자가 저 여자 지갑을 뺏고 있잖아! 그건 볼 수 있겠
지?"

플롭은 '그건' 분명히 보인다고 말했다.

"남의 걸 뺏는 건 나빠. 안 그래?"

플립과 플롭은 이해하지 못했다. 플립이 물었다. "하지만 나쁜
게 어디 있냐고? 아무리 사람들이 뺏는 걸 관찰해도 네가 나쁘다고
하는 그밖의 뭔가는 감지가 안 돼. 그렇다고 나쁘다는 게 우리 스캐
닝 장비에 나타나는 것도 아니고."

플립은 방 구석에 놓인 총처럼 생긴 커
다란 물건을 가리켰다.

"이건 더스(DIRS), 즉 '무한 해상도 만
능 감지 스캐너(Detect-all Infinite Resolution
Scanner)'야. 우주에서 가장 강력하고 뭐든 읽어내는 스캐너지. 자
연 세계에서 이 더스로 감지 못하는 건 없어! 하지만 네가 나쁘다고
하는 건 더스로도 감지되지 않는단 말야. 보여줄게."

플립과 플롭은 강도짓이 벌어지는 거리로 더스를 겨냥했다.

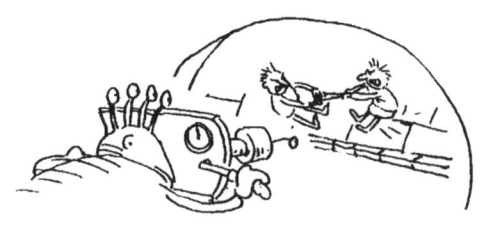

이들이 빨간 단추를 눌렀다. 그러자 웅웅거리는 소리가 나면서

더스가 아래쪽에서 벌어지는 일을 감지하기
시작했다.

"보이지?" 플롭이 더스 한쪽
에 늘어선 많은 다이얼을 가
리켰다. "나쁜 건 하나도 나타
나지 않잖아. 아무것도 없어!"

"부탁이야. 나쁜 게 뭔지 보여줘." 플립이 계속 졸랐다. "우린 과
학자야. 당연히 지식을 추구하고 우주에 대한 완전한 이론을 얻고
싶지. 어떤 것도 놓치고 싶지 않아. 하지만 이 나쁘다는 건 도무지
모르겠어."

"그러나 여자는 절박하다…"

나는 나쁘다는 것에 대해 다시 설명하기로 했
다. "자, 저기 저 여자는 아주 절박해. 그 지갑엔
여자의 전 재산이 있거든. 여자가 지갑을 뺏기면
필요한 물건을 가게에서 살 수 없게 돼. 여자가
얼마나 괴로워하고 겁을 내는지는 알겠지?

"그래, 그건 다 알아." 플립이 말했다. "우린 이미 그 모든 사실을
알고 있어. 저 남자가 저 여자의 돈을 뺏고 있다는 사실. 그 돈이 여
자의 전 재산이라는 사실, 저 남자가 여자를 불행하고 두렵게 만들
고 있다는 사실. 그런데 넌 별도의 또 다른 사실을 감지하는 것 같
아. 저 남자가 하는 일이 나쁘다는 사실을 말야. 별도의 사실이 저
기 있다면 말해줘. 우린 어떤 흔적도 찾을 수 없으니까."

'이다' 는 사실과 '해야 한다' 는 사실

나는 머리를 긁적였다. "저 남자의 행동이 나쁘다는 게 '별도' 의

사실이라니, 무슨 말이야?"

플롭은 다음과 같이 설명했다. "그러니까 너희 지구인들이 누군가 '나쁜' 행동을 한다고 말한다면 그 사람이 그걸 '해서는 안 된다'는 뜻이지. 맞지?"

"그래, 맞아."

"그런데 말이야." 플롭이 말을 이었다. "누군가가 나쁜 행동을 한다는 사실은 우리가 관찰할 수 있는 사실들과는 전혀 달라. 우린 저 남자가 지갑을 뺏는 건 볼 수 있어. 저 여자가 절박한 것도 볼 수 있고."

내가 끄덕이자 플롭이 계속 설명했다.

"하지만 저 남자가 뭔가 나쁜 행동을 하고 있다는 건 이 사건에 관련된 모든 사실을 넘어선 별도의 사실이야. 저 남자가 나쁜 행동을 한다는 네 말은 그가 하고 있는 것 '이상'의 것을 말해주고 있어. 저 남자가 지금 하는 행동은 '해서는 안 되는' 짓이라고 말하는 거라고. 결국 네가 말하는 내용은 저 사건 자체만은 아닌 거야."

나는 플롭의 말에 동의해야 했다. 저 남자가 나쁜 행동을 하고 있다는 사실은 그 경우에 관계된 모든 사실을 넘어선 별도의 사실이었다.

"이제 이해하는군." 플롭이 계속했다. "우리가 볼 수 있는 건 이게 어떤 사건인가 하는 것뿐이야. 이 사건과 관련된 모든 사실을 살펴봐도 저 남자가 저런 행동을 '해야 하는지 말아야 하는지'의 문제는 전혀 해결되지 않아. 그러니까 저 남자가 지금 저 행동을 '하면 안 된다'는 별도의 사실을 네가 어떻게 아는지 설명해달란 말이야. 넌 어떻게 그의 행동이 '나쁘다'는 사실을 감지하는 거야?"

우리는 어떻게 나쁜 짓을 감지할까?

나는 아래를 보았다. 남자는 아직도 여자의 지갑을 뺏으려 기를

108

쓰고 있었다. 나는 플립과 플롭을 쳐다보았다. 녹색 눈썹을 치켜올린 그들은 실망한 표정이었다.

"미안해." 나는 사과했다. "나도 나쁘다는 걸 '어떻게' 감지하는지 모르겠어. 그건 보거나 느끼거나, 또는 맛보거나 냄새맡거나 만지는 건 아닌 것 같아. 하지만 왠지 그게 있다는 건 알겠어."

나쁜 짓 탐지기

G. E. 무어(G.E. Moore)라는 유명한 철학자는 우리가 어떻게 나쁜 짓을 감지할까 하는 문제를 해명하려고 애썼다. 그는 우리에게는 오감 위에 별도의 감각(여섯 번째 감각)이 있다고 가정했다. 우리는 나쁜 것을 보거나 듣거나, 냄새맡거나 만지거나 맛볼 수 없다. 그러나 이 육감으로 그걸 감지할 수 있다. 나는 이 별도의 감각에 '나쁜 짓 탐지기'라는 이름을 붙여보았다.

나쁜 짓 탐지기는 일종의 안테나라고 생각하면 된다. 선원들이 무선 안테나를 이용해 바다 밑에 숨은 잠수함을 탐지하듯, 여러분은 나쁜 짓 탐지기로 누군가의 행동에서 나쁜 짓을 항상 감지할 수 있다. 그러나 그 밖의 감각으로는 나쁜 짓을 알아낼 수 없다.

결국 나는 내 '나쁜 짓 탐지기'를 이용해서 그 강도가 하는 행동이 나쁘다는 걸 감지했다. 플립과 플롭은 그 남자의 행동이 나쁘다는 걸 왜 감지하지 못했을까? 당연히 그들에겐 나쁜 짓 탐지기가 없었기 때문이다.

우리가 나쁜 짓을 어떻게 감지하는가 하는 문제를 무어라는 사람이 풀었냐고? 아니. 풀지 못했다. 무어는 우리가 알 수 없는 어떤 기관(나쁜 짓 탐지기)으로 나쁜 짓을 감지한다고 말했을 뿐이다. 하지만 이 나쁜 짓 탐지기가 어떻게 작용하는지는 여전히 수수께끼로 남아 있다. 결국 우리는 이 수수께끼를 아직 풀지 못했다.

다시 출발점으로?

우리는 객관적인 도덕적 사실이 있다는 관점을 검토하는 중이다. 객관적인 도덕적 사실이 있다는 견해에 따르면 나쁜 짓은 '거기 있다.' 그것은 훔치는 행위에 대해 누가(신을 포함해서) 뭐라고 느끼거나 생각하든지 간에, '아무튼' 나쁘다는 것이 그 행위의 속성이다.

우리는 이 관점에도 '커다란 문제'가 있음을 확인했다. 만약 나쁜 것이 진짜 '거기 있다'면, 그건 무척 야릇하고 감지할 수 없는 종류의 속성일 것 같다. 사실 나쁜 것이 진짜 '거기 있다'고 해도 우리는 그것에 관해 알 수 없을 것이다.

그러므로 누군가가 하는 행동이 나쁘다는 걸 내가 감지한다는 얘기는 결국, 그 사람의 행동이 나쁘다는 객관적 사실은 존재하지 않는다는 얘기가 된다.

도덕의 기준은 우리라는 관점의 커다란 장점

이제 우리는 출발점으로 다시 돌아가야 할 것 같다. 결국 도덕의 기준은 '우리한테 있다'는 입장으로 돌아갈 수밖에 없다는 얘기다. '도덕의 기준은 우리'라는 관점이 지닌 가장 큰 장점은 플립과 플롭이 그 강도의 행동이 나쁘다는 걸 감지하지 못한 이유를 깔끔하게 설명해준다.

우–와 이론을 예로 들어볼까? 이 이론은 내가 '저 남자가 하는 행동은 나쁘다!'고 말했을 때 내 말을 참으로 만들어주는 사실을 플립과 플롭이 왜 못 찾았는지 명확하게 설명해준다. 우–와 이론에 따르면 나는 내 느낌을 '표현'했을 뿐이다. 마치 '우, 저 남자 좀 봐!' 하고 말한 것처럼 난 어떤 주장도 한 게 아니다. 결국 내 말은 참도 거짓도 아니다.

결국 플립과 플롭은 나무에서 물고기를 잡으려고 한 셈이다. 이들은 내 말을 '참'으로 만들어주는 '사실'을 찾으려 했으니까.

물론 그런 사실 같은 건 없다.

느낌 이론 역시 플립과 플롭이 내 말을 참으로 만드는 사실을 왜 찾지 못했는지를 산뜻하게 설명해준다. 느낌 이론에 따르면 내가 플립과 플롭한데 '저 남자가 하는 행동은 나쁘다!'고 말했을 때 내 말은 참이다. 따져보면 내 말은 사실이기 때문에 참이 된다. 물론 내 말이 객관적 도덕 사실 때문에 참이 되는 건 아니다. 그것은 창 밖의 사물들이 '거기' 어떻게 있느냐 하는 사실에 의해 참이 되는 게 아니다. 오히려 내 말을 참으로 만드는 건 '나에 관한 사실', 즉 내가 그 남자의 행동을 비난한다는 사실이다.

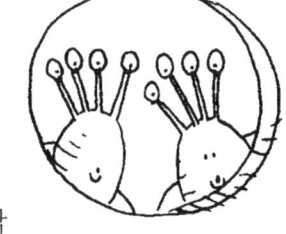

이것이 바로 플립과 플롭이 내 말을 참으로 만드는 사실을 찾지 못한 이유이다. 그들은 엉뚱한 곳만 보고 있었다. 그들은 '창 밖'을 보고 있었으니까. 내 말을 참으로 만드는 사실을 찾기 위해서는 창 밖을 그만 봐야 한다. 대신 고개를 돌려 나를 봐야지.

커다란 그림

여러분은 지금까지 꽤나 길고 복잡한 철학 여행을 했다. 길을 잃은 것처럼 막막한 느낌도 들 것이다. 그렇다면 잠깐 한 걸음 물러서서 우리가 어디에 와 있는지 둘러보기로 하자. 커다란 그림이 보일 테니까.

우리가 살펴보던 중대한 철학 질문은 이것이다. 도덕의 기준은 어디에 있을까? 우리한테 있는 걸까? 신한테 있는 걸까? 아니면 객관적인 도덕적 사실이란 게 있는 걸까? 다시 말해서 우리나 신이, 또는 어느 누가 뭐라고 하든 아무튼 옳고 그른 것이 따로 있는 걸까?

이 질문에 답하는 과정에서 우리는 아주 유명한 철학 문제에 부닥치게 되었다. 사실 우리는 동시에 두 방향으로 끌어당겨지고 있었던 것이다. 어떻게 보면 객관적인 도덕적 사실이 있어야 할 것 같다. 그런데 다르게 보면 객관적 도덕적 사실은 있을 수 없는 것처럼 보인다.

왜 객관적인 도덕적 사실이 있어야 할까? 그건 우리가 '살인은 나쁘다'고 말할 때 어떤 사실, 즉 살인은 정말 나쁘다는 사실에 의해 우리 주장이 참이 되기 때문일 것이다. 이 사실은 '객관적 사실'이다. 분명 죽이는 건 나쁘다. 우리나 바그 인, 또는 신이 살인을 어떻게 생각하든 '아무튼' 나쁘다. 그러므로 우리, 바그 인, 신이 모두 살인이 옳다고 느낀다 해도…

… 살인은 여전히 나쁘다.

한편, 왜 객관적인 도덕적 사실이 있을 수 없을까? 그건 플립과 플롭이 지적한 바와 같다. 만약 나쁜 것이 '거기 있다'면, 즉 누가 살인을 어떻게 생각하든 아무튼 살인의 속성이 나쁜 것이라면, 결국 우리가 이 속성을 어떻게 감지하는가 하는 풀지 못할 수수께끼에 이르기 때문이다. 우리가 그걸 감지할 수는 없을 것 같다. 이 경우 우리는 살인이 나쁘다는 걸 알 수 없게 된다. 그러므로, 우리가 살인이 나쁘다는 걸 알고 있는 한, 살인이 나쁘다는 건 객관적인 도덕적 사실이 아니란 얘기다.

어떻게 하면 이 수수께끼가 풀릴까? 이것은 지금도 철학자들이 논쟁을 벌이고 있는 문제다. 솔직히 나도 알 수가 없다. 도덕이 어디서 나오는지 난 잘 모르겠다. 여러분 생각은?

5장
고기를 꼭 먹어야 할까?

탐험가 에롤의 이야기

에롤은 탐험가였다. 그는 미지의
땅을 찾아 항해하는 것을 좋아했다.

한번은 북쪽으로 떠났던 길에 에롤
은 얼음 땅이 그리 멀지 않은 곳에서
숲이 우거진 작은 섬을 발견했
다. 그는 선원들을 배에 남겨둔 채 나룻배를 타고 혼자서 그 섬에
가보기로 했다.

에롤은 식량을 챙겨서 떠났다. 레모네이드와 샌드위치를. 그날
밤 그는 바닷가의 커다란 소나무 두 그루에 그물침대를 매달고 거
기서 잠을 잤다.

이튿날 에롤은 숲 속으로 들어갔다. 한 시간쯤 걸었을까, 사람의
흔적이 보이기 시작했다. 숲 속 군데군데 빈터가 있었고 모닥불을
지폈던 듯 검게 탄 곳도 있었다. 에롤은 무척 흥분되었다. 드디어
새로운 부족을 발견하게 된다는 기대에 부풀었다.

마침내 몇 시간 후, 에롤은 널찍한 공터
에 다다랐다. 그런데 거기, 공터 한가운

데에 이상한 옷차림의 사람이 세 명 있었다. 그들 세 명은 세모를
거꾸로 세운 것 같은 괴상한 빨간 모자에 자주색 조끼를 입고 있었
다. 그들은 말없이 서서 에롤을 위아래로 훑어보고 있었다. 마치 그
를 기다리고 있었다는 듯이.

에롤은 해칠 마음이 없다는 표시로 손을 들어 보였다. 그러자 세
사람이 자기들끼리 말하기 시작했다. 정말 놀랍게도 에롤은 그들
의 말을 알아들을 수 있었다. 이미 그가 알고 있는 근처 다른 섬의
말과 비슷했기 때문이다.

그러나 다음 순간 에롤은 소름이 끼쳤다. 그 세 사람이 무슨 짓을
하려는지 깨달은 것이다. 그들은 이런 말을 나누고 있었다.

"푸짐하고 맛있겠는걸. 모두가 배불리 먹을 수 있겠어, 안 그
래?"

"맞아, 근육도 단단해 보여. 틀림없이 맛도 좋을 거야."

"그래도 난 골이 좋더라. 골은 항상 내 거야. 그게 제일 맛있지."

"좋아. 골은 네가 먹어. 자, 어서 가져가자."

그 세 사람은 식인종, 그러니까 다른 사람을 먹는 사람들이었다.
그들이 에롤에게 다가왔다. 에롤의 눈에 그제서야 그들이 들고 있
는 곤봉, 칼, 밧줄이 들어왔다.

에롤은 도망치려 했지만 그들은 너무 빨랐다. 정신을 차려 보니 그는 칠면조처럼 벌거벗겨진 채 매달려 있었다. 그들이 에롤을 장대에 매단 것이다. 장대 밑에는 장작과 함께 불쏘시개가 준비되어 있었다. 그를 통구이해 먹으려는 모양이었다.

에롤은 고개를 돌려 주위를 둘러보았다. 그곳은 커다란 방안이었다. 주변에는 그 이상한 옷차림의 사람들이 여럿 모여서 말없이 그를 노려보고 있었다. 입맛을 다시는 사람도 있었다.

한 여자가 앞으로 나섰다. 커다란 칼을 들고 있었다.

"잠깐만!" 에롤이 소리쳤다.

모두들 기겁을 했다. 에롤이 그들의 말을 하니까 놀랄 수밖에.

"제발 잡아먹지 마세요." 에롤이 애원했다.

"우리가 널 먹으면 왜 안 되지?" 칼을 든 여자가 물었다.

"그건 옳지 않으니까요. 모르겠어요?" 에롤이 물었다.

"그래, 모르겠는걸. 왜 옳지 않다는 거지?"

"꼭 날 먹어야 할 필요는 없잖아요. 다들 잘 먹고 지내는 것 같은데. 다른 걸 먹으세요. 무슨 뿌리나 곡식, 아니면 새나 뭐라도."

그 여자는 혼란스럽다는 표정이었다. "하지만 우린 사람 고기가 좋아. 맛있거든! 그런데 왜 먹으면 안 된다는 거야?"

"그럼 여러분끼리는 왜 잡아먹지 않죠?"

"우리 중에는 죽고 싶어하는 사람이 없으니까. 그러니까 대신 널 잡아먹는 거야."

"나도 죽기는 싫단 말이에요! 난 살아 있는 생명이에요! 내 삶을 즐기고 있다구요! 정말 모르겠어요? 여러분이 단지 날 맛있게 먹기 위해 날 죽이는 건 정말 나쁜 짓이에요."

몇몇 사람이 고개를 끄덕였다.

"그 말이 맞는 것 같아." 한 사람이 말했다.

에롤은 자기를 먹지 말라는 설득에 그들이 넘어가고 있다고 생각했다. 그러나 다음 순간 칼을 든 여자가 몸을 굽혔다. 그녀는 에롤의 배낭에서 레모네이드 병과 갈색 종이봉투를 꺼냈다. 먹다 남은 샌드위치가 종이봉투에서 떨어졌다.

"그럼 이건 뭐지?"

"내, 내 점심요."

"이게 뭐야?"

"샌드위치예요. 쇠고기 샌드위치."

"이 쇠고기는 살아 있는 동물의 일부였잖아?"

"네, 맞아요. 그랬겠죠."

"이것도 살아 있는 생명이었어. 삶을 즐겼고 죽고 싶지도 않았을 거야. 그런데 네가 그 살코기를 맛있게 먹도록 죽임을 당했어."

에롤은 그녀가 무슨 말을 하는지 알 수 있었다.

"그래요, 하지만 그건 동물이에요. 동물은 먹어도 괜찮아요. 하지만 사람은 안 되죠. 사람은 달라요."

"사람도 동물이잖아. 사람 아닌 동물을 먹는 게 괜찮다면 사람

118

동물을 먹는 건 왜 나쁘지?"

에롤은 그 식인종 여자의 질문에 뭐라고 답해야 할지 몰랐다.

"그냥 나빠요. 모르겠어요?"

그들은 이해하지 못했다. "그래. 이해가 안 가. 설명 좀 해봐."

에롤은 소를 죽여서 먹는 건 왜 괜찮고 사람을 죽여서 먹는 건 왜 안 되는지 납득할 만한 이유를 제시해야 했다.

어떻게 되었을까? 에롤은 그럴싸한 이유를 대지 못했다. 결국 그들은 그를 죽여서 요리했다. 그리고 그를 먹었다. 에롤을 다 먹은 뒤 식인종들은 그의 물건을 뒤졌다. 초콜릿을 바른 박하사탕이 나왔다. 이들은 둘러앉아 박하사탕을 먹으며 담소를 나누었다.

중대한 질문

식인종들이 에롤에게 한 질문은 이것이었다. '왜 사람 동물을 죽여서 먹는 건 잘못이고 사람이 아닌 동물을 죽여서 먹는 건 괜찮은가?'

물론 많은 사람들이 에롤의 말에 동의한다. 사람을 죽여서 먹는 건 실제로 아주 나쁜 일인 반면 그밖의 동물을 죽여서 먹는 것은 전혀 나쁘지 않다고 말이다.

그러나 사람을 죽여서 먹는 것이 나쁜 일이라면 사람이 아닌 동물을 죽여서 먹는 것 역시 나쁜 일이어야 마땅하다고 믿는 이들도

119

많다. 이들은 그저 맛있게 먹기 위해 동물을 죽이는 건 항상 나쁜 일이라고 말할 것이다. 그것이 어떤 동물인지는 중요하지 않다.

나는 고기를 먹는다. 하지만 안 먹어도 되지 않을까? 내가 도덕적으로 나쁜 짓을 하고 있는 건 아닐까? 사람을 잡아먹는 건 나쁘고(난 그렇게 믿는다) 사람이 아닌 동물을 잡아먹는 것은 괜찮다고 믿는다면, 사람과 사람이 아닌 것 사이의 차이점을 제시해서 그 둘을 다르게 대하는 내 태도를 정당화해야 할 것이다.

그 차이점이 뭘까? 이것이 이번 장에서 다룰 중대한 질문이다. 에롤이 대답하지 못했던 그 질문 말이다.

채식주의자

말했다시피 그게 어떤 동물이든 단지 우리가 먹기 위해서 동물을 죽이는 건 나쁘다고 믿는 사람들이 많다. 이런 사람들은 대개 채식주의자이다. 이들은 야채, 과일, 콩, 땅콩 같은 견과들, 곡물, 또는 우유, 치즈, 달걀 등 동물의 산물만을 먹는다.

이보다 더 철저한 사람들도 있다. 그들은 동물에서 나온 건 아예 먹지 않는다. 심지어는 가죽 신발도 신지 않는다. 그런 사람을 극단 채식주의자, 비건(vegan)이라고 한다.

채식주의자가 되는 그밖의 이유

채식주의자라고 해서 모두가, 먹는 즐거움을 위해 동물을 죽이는 건 도덕적으로 나쁘다고 생각해서 육식을 안 하는 건 아니다. 사람들이 채식주의자가 되는 데는 또 다른 이유가 있다.

그 중 하나가 이것이다. 여러분은 양계장 하면 흔히 이런 풍경을 떠올리겠지?

그러나 우리가 먹는 닭은 거의 다 이런 환경에서 키워진다.

　이런 농업은 때로 공장식 농업이라고 한다. 자동차 공장에서 차를 대량생산하는 것과 똑같은 방법으로 동물을 대량생산하기 때문이다.

　이렇게 양계장에서 자라는 닭은 평생 하늘을 구경하지도 못하는 경우가 많다. 나무도 본 적이 없다. 그저 주위에 가득한 수천 마리 다른 닭들만 보다가 죽는다.

　채식주의자들에겐 다른 생명을 이렇게 다루는 것이 무척 잔인하고 언짢게 느껴지는 모양이다. 이들은 다른 동물들을 식량으로 대량생산하는 것 역시 불쾌한 일이라고 주장한다.

　왜 고기를 먹지 않느냐고 물을 때 채식주의자들이 하는 또 한 가지 대답이 바로 이것이다. 고기를 먹기 위해 동물을 도살하는 건 나쁘지만, 지금처럼 잔인하고 야만적인 방법으로 동물을 키우는 건 더욱 나쁘다는 것이다. 그래선 안 된다.

　그러나 여기서는 채식주의자들이 고기를 안 먹는 이유로 내세우는 것 중 하나에만 초점을 맞추겠다. '맛있게 먹기 위해 동물을 죽이는 행위는 도덕적으로 나쁘다' 는 주장 말이다. 이런 이유로 고기를 먹지 않는 사람을 '도덕적' 채식주의자라고 해두자. 그리고 '도덕적' 채식주의자들이 무엇에 반대하고 또 무엇에는 반대하지 않는지 좀더 자세히 따져보자.

사냥꾼 조이의 경우

우리가 먹는 고기는 거의 농장과 공장에서 생산된다. 그러나 몇 가지 예외가 있다.

여기 이 사람은 조이, 숲에 사는 괄괄하고 노련한 사냥꾼이다.

조이는 자기가 사냥해서 죽인 사슴이 아니면 절대 고기를 먹지 않는다. 조이는 야생의 사슴만 사냥한다. 사실 조이가 사는 숲에는 사슴이 많거든. 조이는 항상 사슴이 한 순간에, 깨끗하게 죽게끔 신경을 쓴다. 사슴이 전혀 고통을 느끼지 않게. 그리고 살만큼 산 늙은 사슴만을 골라서 쏜다.

조이의 행동은 잘못된 것일까?

사실 조이가 먹는 사슴은 양계장의 닭처럼 잔인하고 고통스럽게 키워진 것이 아니다. 그러므로 사슴을 죽여서 먹지 못할 특별한 도덕적 이유가 있을 리 없다.

그래도 '도덕적' 채식주의자들은 조이가 도덕적으로 뭔가 그릇된 일을 하고 있다고 말할 것이다. 왜냐하면 단지 그 고기맛을 즐기기 위해 의식이 있는 생명을 일부러 죽이는 건 항상 나쁜 일이니까.

해리가 교통사고를 낸 경우

이런 경우는 어떨까? 해리는 조심스러운 모범 운전자다. 그러나 어느 날 밤에 교통사고를 내고 말았다. 집으로 차를 몰다가 차 앞에 뛰어든 야생 사슴을 치어 죽였던 것이다. 그로서는 어쩔 도리가 없었다. 사슴이 곧장 앞쪽으로 뛰어들었으니까.

해리가 이 사슴을 먹는 것은 괜찮을까? 어쨌거나 사고로 죽은 동물인데.

따지자면, 단지 고기맛을 즐기기 위해 동물을 도살하는 것이 나쁘다고 채식주의자가 된 사람들은 해리가 이 사슴을 먹는 것에 반대하지 않을 것이다. 이들은 사슴이 죽어서 안됐다고 말할 것이다. 그러나 해리가 도덕적으로 나쁜 짓을 했다고 하지는 않을 것이다. 요점은 해리가 사슴을 먹으려고 '일부러' 죽인 게 아니라는 것이다. 그 죽음은 사고였다.

결국 '도덕적' 채식주의자라고 해서 고기를 먹는 게 도덕적으로 항상 나쁘다고 말하지는 않는다는 점을 기억해둘 필요가 있겠다.

비행기 추락 현장의 식인종

우리들 모두가 유독 이것만큼은 잡아먹어선 안 된다고 하는 동물이 있다. 바로 사람이다. 사람을 먹으려고 죽이는 행위가 도덕적으로 용납될 수 있다고 생각하는 사람은 없다(물론 에롤을 잡아먹은 식인종은 빼고).

그러나 다음 상황이라면 사람 고기를 먹어도 괜찮다는 이가 많을 것 같다. 어떤 사람이 사고로 죽었고 그 사람의 고기를 먹지 않으면 굶어 죽을 상황이라면 말이다. 그런 경우가 가끔씩 생긴다.

몇 년 전 안데스 산맥 고지에서 비행기가 추락한 일이 있었다.

생존자들은 온통 눈과 얼음뿐인 고산지대에 발이 묶였다. 사방에 마을이라곤 보이지 않았다. 아무도 그들을 구하러 오지 않았다. 시간이 지나자 얼마 없던 식량마저 바닥났다. 이들은 굶주리기 시작했다. 먹지 못하면 죽을 판이었다.

그래서 추락 현장의 생존자들은 비행기 추락 때 죽은 다른 사람들의 시체를 먹었다. 그렇게 해서 그들은 목숨을 부지했다. 그들로

선 어쩔 수 없었지만 정말 혐오스런 일이었다. 그러나 나는 그게 도덕적으로 나쁘다고 보지는 않는다. 물론 '도덕적' 채식주의자들도 반대할 수는 없다(그런데 들은 말로는 사람 고기 맛은 닭고기 비슷하고 팔뚝이 가장 맛있다는군).

　지금까지 우리는 식인종들이 던졌던 질문을 살펴보았다. 왜 사람을 죽여서 먹는 것은 나쁘고 사람이 아닌 동물을 죽여서 먹는 건 괜찮은가? 또한 단지 맛있게 먹기 위해서 삶을 즐기는 동물을 일부러 죽이는 것은 항상 나쁘다는 '도덕적' 채식주의자들의 입장도 보았다.

　'도덕적' 채식주의자들이 옳은 걸까? 글쎄다. 하지만 이건 인정해야겠다. 사람을 잡아먹는 것이 도덕적으로 나쁘다면 사람이 아닌 것을 잡아먹는 건 왜 도덕적으로 나쁘지 않은지 그 이유를 설명하기가 무척 힘들다는 것이다.

　이번에는 고기 먹는 것, 즉 육식을 옹호하는 데 쓰이는 몇 가지 논증들을 살펴보자.

식당에서의 논쟁

　얼마 전 나는 친구인 아이샤, 캐롤과 함께 식당에 갔다.
　캐롤은 햄버거를 먹고 있었다.

캐롤과 아이샤는 육식의 도덕성에 대해 논쟁을 벌이게 되었다. 그 논쟁은 이랬다.

캐롤 : 음, 이 햄버거 맛있다!

아이샤 : 에구, 끔찍해! 캐롤, 그건 한때 의식이 있던 생명이었어. 그런데 그걸 죽여서 그 근육과 여러 부위를 다지고 구워 만든 덩어리를 빵 속에 끼워서 먹는 거라고. 그게 될 일이야?

캐롤 : 난 고기가 좋아. 먹고 싶어서 먹는 건데 왜 안 돼?

아이샤 : 나쁜 짓이니까. 단지 맛있게 먹기 위해서 삶을 누릴 줄 아는 생명을 죽이는 건 나빠. 나처럼 야채버거를 먹을 수도 있잖아. 야채버거도 맛있어.

캐롤 : 아니, 맛없어. 물컹하고 맛도 이상해. 난 진짜 버거가 더 좋아.

캐롤은 햄버거를 마저 먹었다. 그러나 아이샤는 가만히 캐롤을 노려보았다. 잔뜩 못마땅한 표정이었다. 잠시 후, 캐롤은 그런 아이샤의 눈길이 거북했던지 육식을 변론하기 시작했다.

캐롤의 첫 번째 주장 : 거의 모든 사람이 괜찮다고 생각하므로 육식은 괜찮다

캐롤은 이렇게 말했다.

캐롤 : 있잖아, 아이샤. 대부분의 사람은 네 말이 아니라 내 말에 동의해. 사람들은 고기를 먹는 걸 특별히 나쁘게 생각하지 않아. 육

식을 나쁘게 보지 않는단 말야. 만약 육식이 도덕적으로 잘못됐다면 사람들이 나쁘게 보겠지, 안 그래? 그러니까 육식은 나쁠 리가 없어.

아이샤는 동의하지 않았다.

아이샤 : 동물의 살코기를 먹으려고 동물을 죽이는 행위를 대부분의 사람들이 나쁘게 보지 않는다는 말에는 동의해. 하지만 그런 사람들이 다수라고 해서 그들이 옳은 건 아니지. 사실 얼마 전만 해도 많은 나라의 대다수 사람들이 노예제를 도덕적으로 받아들일 수 있다고 생각했어. 어떤 인종은 다른 인종보다 열등하다고 보고 그렇기 때문에 그런 인종을 노예로 부릴 수 있다고 생각한 거지. 하지만 지금은 다들 노예제를 아주 나쁘게 생각하잖아. 그러니까 뭐가 나쁜지에 대해 다수의 사람들이 잘못 판단했던 거야. 마찬가지로 육식의 도덕성에 대해서도 다수의 사람들이 잘못 판단할 수 있다구.

내 생각도 아이샤와 같다. 단지 동물을 죽여서 먹는 게 괜찮다는

사람들이 많다고 해서 그것이 옳다고 말할 수는 없다. 훗날, 어쩌면 한 200년 후에 사람들은 우리가 동물을 어떻게 다루었는지 돌아보고 치를 떨지도 모른다. 지금 우리가 노예제에 치를 떠는 것처럼. 그 때 가서 사람들은 지금 우리들 다수가 도덕적으로 괜찮다고 여기는 행위가 실제로 얼마나 나쁜 일인지를 알게 될 것이다.

캐롤의 두 번째 주장 : 육식은 자연스러운 것이다

캐롤은 물러서지 않았다. 그녀는 육식에 대해 두 번째 변론을 제시했다.

캐롤 : 하지만 우리한테 육식은 자연스러운 거야. 우린 원래 고기를 먹게 되어 있어.

캐롤은 입을 쩍 벌리고 양옆에 난 뾰족한 이 두 개를 내보였다.

캐롤 : 요 두 개의 이가 보이지? 이건 송곳니야. 너한테도 있지. 송곳니는 고기 먹으라고 있는 거야. 육식동물한테는 모두 송곳니가 있어. 난 생긴 대로 자연스럽게 행동하는 것뿐이라고.

그러나 아이샤는 그것이 채식주의자가 못 될 이유는 아니라고 생각했다.

아이샤 : 그래서? 우리가 육식을 하는 것이 자연스럽다고 해서 뭐 어쨌다는 거야? 그렇다고 육식이 옳은 일이 되니? 자연스러운

128

행위 중에도 도덕적으로 나쁜 것이 많아. 서로가 싸우고 죽이는 걸 생각해봐. 그런 행위 역시 우리 인간한테는 아주 자연스러운 것일지도 몰라. 하지만 그렇다고 그게 도덕적으로 괜찮다는 말은 아니잖아. 우린 고기를 먹을 필요가 없어. 야채만 먹고도 얼마든지 살 수 있다구. 그러니까 고기를 먹으면 안 돼. 지금 네 행동은 나쁘다니까.

이번에도 아이샤 말이 맞는 것 같다. 육식이 우리한테 자연스럽게 느껴진다고 해서 도덕적으로도 받아들여질 수 있다는 것은 아니다.

어떤 사람은 육식이 인간에게 자연스러울 뿐 아니라 육식을 하지 않으면 건강에 좋지 않다고 항변할 것이다. 건강을 유지하기 위해서는 고기가 필요하다고 말이다. 그러나 그게 사실인지는 확실하지 않다. 세계에는 수많은 채식주의자들이 있다. 불교, 힌두교, 자이나교 신자들은 고기를 먹지 않는다. 그리고 이들은 건강하게 지내고 있다.

어떤 경우에서든, 더욱이 최상의 컨디션을 유지하기 위해선 어느 정도 고기를 먹어줘야 한다고 해도 지금처럼 많이 먹을 필요는 없다. 그리고 최고의 건강을 위해 약간의 고기가 필요하다고 해도 반드시 고기를 먹어야 하는 건 아니다. 얼마든지 대체 식품을 개발할 수 있으니까. 그러니까 고기를 먹지 않음으로 해서 부족해지는 영양소가 들어간 알약 같은 거 말이다. 설사 그런 알약을 만들 수 없다고 해도 육식이 도덕적으로 받아들일 수 있는 행위가 되는 건 아니다. 우리는 어쩌면 육식을 할 때보다 조금은 덜 건강한 상태로 지내야 할 것이다. 그건 옳은 일을 하기 위해 우리가 치러야 할 대가인지도 모른다.

그러나 말했다시피 채식주의자들이 육식을 하는 사람보다 덜 건강하다는 것도 확인된 바 없다.

캐롤의 세 번째 주장 : 동물들은 먹기 위해 키우는 것이다

캐롤은 한동안 우물거리며 먹기만 할 뿐 말이 없었다. 자기가 나쁜 일을 하고 있다고 생각하지 않는 게 분명했다. 결국 그녀는 세 번째 반박을 시도했다.

캐롤 : 좋아. 넌 의식이 있는 동물들이 불쌍하다는 거지?

아이샤 : 그래. 단지 우리가 먹고 싶다는 이유로 삶을 즐길 줄 아는 동물들을 죽여서는 안 된다고 생각해.

캐롤 : 하지만 내가 먹는 이 동물은 먹으려고 키운 거야. 우리가 키웠기 때문에 삶을 누렸던 거라고.

아이샤 : 그건 맞는 말이야.

캐롤 : 육식가들은 동물에게 생명을 주었어. 어떻게 보면 동물에게 은혜를 베푼 거지. 뭐, 먹기 위해서 좀 일찍 죽이기는 하지. 그래도 우리가 고기를 안 먹었다면 존재하지도 않았을 생명이 존재했던 거야. 결국 도살하려고 동물을 키우는 건 좋은 일이야. 나쁜 일이 아니라고.

아이샤 : 아니, 네 말은 틀렸어. 좋아, 화성인 농부들이 있다고 해보자. 이들은 인간을 키워. 이 화성인 농부들은 마음씨가 착하지. 지구라는 행성에서 인간을 키우거든. 그곳에서 인간 동물들은 행복하게 삶을 누리고. 마치 들판의 소떼처럼 인간은 자기들이 키워지고 있다는 것도 깨닫지 못해.

캐롤 : 화성인들이 왜 인간을 키우는데?

아이샤 : 사람 고기를 좋아하니까! 왜, 사람이 그냥 실종되는 일

이 종종 있잖아? 그건 다 화성인한테 납치된 거야. 잡아먹힌 거지. 화성인들은 비행접시를 타고 왔다가 고기를 잔뜩 싣고 떠나. 우리가 자동차를 타고 슈퍼마켓에 가서 하는 것처럼 말이야.

화성인들은 고된 하루를 마치고 육즙이 뚝뚝 떨어지는 인간버거를 먹는 걸 제일 좋아해.

캐롤 : 욱. 끔찍해! 나 먹는 거 안 보이니? 다 먹은 후에 얘기하면 어디 덧나?

아이샤 : 너도 끔찍하긴 한 모양이구나?

캐롤 : 그래.

아이샤 : 봐, 너 자신을 돌아보라고. 네가 먹는 동물도 우리 인간들이 맛있는 햄버거를 즐길 수 있게 키우다가 죽인 거야. 그건 뭐 안 끔찍하니? 난 똑같이 끔찍한 것 같은데?

캐롤 : 아니, 그렇지 않아.

아이샤 : 넌 아까 먹으려고 키운 거니까 동물을 먹는 건 괜찮다고 말했어. 내가 얘기한 화성인들도 먹으려고 우릴 키우는 거야. 그런데 화성인들이 우릴 먹는 건 뭐 잘못이니?

캐롤의 네 번째 주장 : 동물들은 어리석다

캐롤 : 좋아. 먹기 위해 동물을 키운다고 육식이 정당화되는 건 아니라고 치자. 하지만 동물은 우리와 달라. 동물은 우리만큼 똑똑하지가 않거든. 우리처럼 감정도 못 느끼고. 옳고 그름도 전혀 구분 못하지. 그러니까 우리는 동물을 잡아먹어도 괜찮아.

여러분은 이 주장을 어떻게 생각하는지? 동물이 사람만큼 똑똑하지 않고, 감정적으로 세련되지 못하고, 옳고 그름을 가릴 줄 모른다는 등등의 사실이 우리가 동물을 먹어도 괜찮은 이유가 될까? 아이샤는 동의하지 않았다.

아이샤 : 그럼 우리보다 지능이 떨어지는 건 먹어도 괜찮다는 거야? 우리와 똑같은 감정을 느끼지 못하는 건 먹어도 된다고?

캐롤 : 그래.

아이샤 : 글쎄, 과연 그럴까? 세상에는 어떤 병 때문에 우리와 다르게 태어나는 아기들이 많아. 지능이 조금 떨어지지. 그나마 지능이 높다는 돼지 정도밖에 안 돼. 그런 애들은 말을 못 배워. 돼지처럼 기쁨이나 슬픔, 흥분이나 편안함 같은 감정은 느끼지. 하지만 새 직장을 얻었을 때의 자부심 같은 세련된 감정은 느끼지 못해. 직장이 뭔지도 모르고. 그렇다고 옳고 그름을 가리는 것도 아니야.

캐롤 : 안됐어.

아이샤 : 아니, 너무 동정하지는 마. 그 애들도 건강하고 행복한

인격체야. 오래오래 행복하게 살 수 있거든. 넌 이런 애들을 어떻게 대해야 한다고 보니?

캐롤 : 많은 관심과 애정을 기울여야겠지. 그 애들이 가능한 한 만족스럽고 기쁘게 살도록 도와줄 사람을 따로 둘 수도 있고.

아이샤 : 죽여서 먹으면 안 될까? 아까 넌 동물이 우리보다 지능이 떨어지고 세련되지도 못했으니까 먹어도 된다고 했잖아. 이런 사람들도 마찬가지야. 그런데 이들을 죽여서 먹는 건 왜 안 되는데?

캐롤은 이런 사람을 먹는다는 생각에 속이 뒤집히는 모양이었다. 속이 뒤집힌 정도가 아니었다. 그녀는 이들을 죽여서 먹는 건 도덕적으로 정말 나쁜 일이라며 발끈했다.

이제 캐롤은 동물을 죽여서 먹는 것이 도덕적으로 나쁘지 않다면 이런 인간을 죽여서 먹는 건 왜 도덕적으로 나쁜지 그 이유를 설명하기가 힘들다는 사실을 깨닫고 있었다. 이런 사람들은 다른 동물보다 더 똑똑하거나 세련되지는 않기 때문이다.

캐롤 : 하지만 아이샤, 인간이 동물보다 중요하다는 건 기정사실이야. 우리의 필요와 욕구가 우선하는 거라구. 원래가 그래. 인간은 동물보다 훨씬 더 중요해.

아이샤 : 하지만 인간이 왜 중요한데? 넌 동물들이 우리 인간이란 동물과 똑같은 도덕적인 배려를 받을 자격이 왜 없는지, 납득할 만한 이유를 대지 못했어. 동물들이 왜 같은 배려를 받을 자격이 없는지 설명하지 못한다면 네 주장은 편견일 뿐이야. 여자나 다른 인종에 편견을 가진 사람들이 더러 있듯이, 나한테는 네가 인간을 제외한 동물들에 편견을 가진 것처럼 보여.

캐롤은 움찔했다. 자신이 편견을 가지고 있다는 생각이 싫었던 것이다.

아이샤 : 어떤 경우든, 설사 인간이란 동물이 훨씬 중요하다고 해도, 그게 우리가 다른 동물을 잡아먹는 행위를 정당화하지는 못해. 그게 곧 우리가 동물을 마음대로 할 권리가 있다는 얘기는 아니라고. 우리가 고기 맛을 좋아하니까 동물을 도살해도 도덕적으로 괜찮다는 뜻이 아니란 말이야.

캐롤은 슬슬 죄책감이 드는 모양이었다. 나도 그랬다. 마침 햄버거 하나를 다 먹은 뒤였으니까. 내 양심이 나를 괴롭히기 시작했다. 캐롤처럼 난 육식의 도덕성에 대해 생각해본 적이 없었다. 육식이 비도덕적이라는 아이샤의 말이 왠지 틀린 것 같았지만 왜 틀렸는지는 알 수 없었다.

애완동물

한편 나는 애완동물에 관해 생각해보았다. 캐롤은 개를 키운다. 티거라는 아주 귀여운 개다.

사실 개도 똑같은 동물이다. 우리가 티거를 잡아먹겠다고 하면 캐롤은 기겁할 것이다. 캐롤은 티거를 살리는 데 엄청난 돈까지 들였으니까. 한번은 티거가 플라스틱 펜 뚜껑을 삼켜서 목에 걸린 일이 있었다. 수의사는 펜 뚜껑을 빼내려고 수술을 했다. 엄청난 비용이 드는 수술이었다. 캐롤은 티거가 죽을까 봐 몹시 상심했었다. 수술이 진행되는 동안 아이샤와 난 병원에 들러 캐롤을 위로해야 했다. 다행히 티거는 살아났고 지금은 건강하다.

개는 아주 영특하고 감정이 풍부한 동물이다. 그러나 돼지보다 더 영특하거나 감정이 풍부해 보이지는 않는다. 뭐, 돼지를 키우는 친구들의 말에 따르면 그렇다. 확실히 돼지는 무척 똑똑하고 사랑스러운 동물이다. 몇몇 품종의 돼지는 아주 좋은 애완동물이 되기도 한다.

한편 중국을 비롯한 몇몇 나라에서는 개를 먹는다. 돼지고기를 먹듯이 개고기를 먹는다. 사실 못 먹을 이유도 없다. 우리가 보기에 개가 좀더 귀엽게 생겼다는 걸 빼면 개와 돼지는 별로 다를 게 없다.

슬그머니 이런 생각이 들었다. 만약 캐롤한테 방금 먹은 것이 티거였다고 말하면 어떻게 나올까 하는…. 티거를 죽여서 먹는 건 도덕적으로 나쁘다고 할 게 뻔했다. 그렇다면 소를 죽여서 먹는 행위는 왜 도덕적으로 나쁘지 않다는 걸까?

그러나 캐롤한테 왜 티거를 먹어선 안 되냐고 묻는 건 그만두는 게 나을 것 같았다.

캐롤의 다섯 번째 주장 : 동물은 동물을 먹는다

캐롤과 아이샤, 나는 아이스크림을 시켰다. 아이스크림을 먹는 동안 캐롤은 다시 변론을 시도했다.

캐롤 : 동물들도 서로를 잡아먹어, 안 그래? 고양이는 쥐나 새를 먹고 호랑이는 영양을 잡아먹지. 여우는 닭을 잡아먹고. 동물들이 서로를 먹는데 우리라고 먹지 말란 법 있어?

아이샤 : 동물들은 아무것도 몰라. 옳고 그름을 모른다니까. 동물에겐 도덕성이란 게 없어. 그래서 자기가 하는 행위에 도덕적 책임을 질 수도 없어. 갓 태어난 아기나 다름없지. 하지만 우리 어른들한테는 도덕적 책임이 있어. 육식은 나쁜 거야. 그걸 안다면 육식을 그만둬야 해. 그만두지 않는다면 우린 나쁜 사람이 되는 거지.

이쯤에서 난 육식을 한다는 것에 상당한 죄책감을 느꼈다는 걸 고백해야겠다. 캐롤도 마찬가지였다. 그러나 이렇게 죄책감을 느끼는 게 당연한 걸까? 아이샤가 이렇게 우리를 공격한 건 정당한가? 글쎄다. 하지만 솔직히 인정하자면 아이샤의 주장은 아주 설득력이 있어 보였다. 아이샤 앞에서 캐롤과 내가 우리 자신을 변론할 방법은 없었을까? 사람이 아닌 동물을 잡아먹는 건 괜찮으면서 왜 사람은 안 되는 걸까?

문제는 종이다

동물을 잡아먹는 행위를 도덕적으로 받아들일 수 있는가 하는 문제에서는 그것이 어떤 종(species)이냐가 중요하다고 주장하는 사람들도 있다. 즉 인간이라는 종의 성원을 먹는 건 도덕적으로 나쁜 행위다. 다른 종의 동물을 먹는 것은 도덕적으로 나쁜 행위가 아니다.

그러나 왜 인간 종을 먹는 건 나쁘고 다른 종을 먹는 건 괜찮을까? 이건 우리의 편견이 아닐까? 이 주장이 정당화될 수 있을까? 다른 종을 먹는 건 괜찮지만 인간 종을 먹으면 안 되는 이유를 이렇게 설명하는 이들도 있다. 종으로서 인간은 다른 종보다 더 지능적이고 감정이 풍부하다는 것이다. 설사 특정 인간들이 우리만큼 지능적이거나 감정이 풍부하지 않다고 해도(아이샤가 예를 든 아기들처럼), 그 특정 인간을 먹는 건 잘못이다. 그 이유는 그들이 인간 종에 속하며, 종으로서의 인간은 다른 동물 종보다 훨씬 지능적이고 감정이 풍부하기 때문이다. 어떻게 보면 돼지는 상대적으로 어리석고 단순한 종이다. 그러니까 돼지를 먹는 것은 괜찮다.

나는 이 관점에 대해서도 생각해보았다. 그러다가 영리한 돼지의 경우를 떠올리게 되었다.

영리한 돼지의 경우

영화 〈베이브〉에서처럼 말하는 돼지가 있다고 하자. 물론 진짜로 말하는 돼지는 없겠지만. 그래도 어떤 기적에 의해서 그런 돼지가 태어났다고 그냥 가정해보자는 말이다.

일찍이 이런 돼지는 없었다. 이 녀석은 지능이 엄청나게 높다. 보통 사람들보다 더 똑똑하니까. 또 우리가 느끼는 모든 감정을 느낄 줄 안다. 도덕 문제를 다룬 철학적인 논쟁에 우리를 끌어넣기도 하고 시도 쓴다. 녀석은 셰익스피어를 즐겨 읽으며 극장에

간다. 그리고 뼈있는 농담도 곧잘 한다. 사람들은 녀석을 저녁 파티에 초대하기도 한다.

이 돼지를 죽여서 먹는 건 도덕적으로 용납될 수 있을까? 지금까지는 그걸 먹는 게 잘못이라는 어떤 근거도 주어진 바가 없다. 왜냐하면 녀석이 속한 종의 보통 성원들은 보통 인간에 비하면 무척 어리석고 단순하니까.

그럼에도 이 특별한 돼지를 먹는 건 잘못일 것이다. 이 돼지는 인간이 아니지만 솔직히 나한테는 인격을 가진 사람처럼 느껴진다. 사람을 죽여서 먹는 건 분명 나쁜 일이다.

결국 내 고민은 이것이다. 보통 저능한 동물종의 성원을 먹는 것이 도덕적으로 괜찮다면 이 돼지를 잡아먹는 것도 도덕적으로 받아들여져야 마땅하다. 그러나 이 돼지를 잡아먹는 건 아무래도 도덕적으로 받아들일 수 없을 것 같다.

우리가 편협한 게 아닐까?

일부 철학자들은 우리 다수가 종의 차별, 즉 '종차별' (speciesism)이라는 죄를 짓고 있다고 주장한다. 종차별은 성차별이나 인종차별과 닮은 구석이 있다. 그것은 편협한 생각이다. 자기와는 다른 사람들에 대한 근거없는 편견에 지나지 않는다.

138

우리는 여러 가지로 다른 종의 동물을 차별한다. 그 하나가 다른 종을 죽여서 먹는 건 도덕적으로 받아들일 수 있지만 우리 인간종 한테는 그래선 안 된다고 생각하는 것이다.

그러나 우리가 이런 식으로 다른 동물을 차별하는 행위가 정당화될 수는 없다. 차별은 불공평하며 비도덕적이다. 종차별은 성차별이나 인종차별과 마찬가지로 도덕적으로 받아들여질 수 없다. 지금 우리가 성차별과 인종차별이 나쁘다고 보는 것처럼 언젠가는 종차별도 나쁘게 생각할 날이 올 것이다.

적어도 이것이 일부 철학자들의 주장이다. 이 철학자들 말이 맞는 걸까? 여러분 생각은?

'별 거 아니야'라는 변명

'도덕적' 채식주의자들이 사소한 일을 가지고 호들갑을 떤다는 사람들도 더러 있다. 세상을 돌아보자. 사람들이 매일같이 고문당하고 죽어간다. 어린이들이 참혹한 환경에서 단돈 몇 푼을 받으며 오랜 시간 노동을 한다. 굶주리는 사람들도 있다. 우리가 관심을 두지 않은 결과 너무도 많은 끔찍한 도덕적 불의들이 저질러지고 있다. 설사 살코기를 맛나게 먹기 위해 다른 동물을 죽이는 행위가 도덕적으로 나쁘다고 인정한다 해도, 그것은 수없이 저질러지는 나쁜 짓 중 하나일 뿐이다. 그러니 '도덕적' 채식주의자들이 단지 이 문제에 초점을 맞추는 건 좀 편협한 게 아닐까?

내 생각에 '도덕적' 채식주의자들을 겨냥한 이 주장은 빈약하기 짝이 없다. 물론 많은 '도덕적' 채식주의자들이 이런 문제에도 관심을 가진다. 누가 어느 한 가지를 문제삼는다고 해서 그 사람이 다른 것에 신경쓰지 못한다는 건 말이 안 된다.

사실 이런 주장을 하는 사람들은 스스로를 변명하려는 것이다.

그들의 말을 따져보면 이렇다. "그래, 내가 도덕적으로 나쁜 일을 한다는 건 인정해. 하지만 사람들이 저지르는 저 많은 끔찍한 일들을 봐! 도덕적으로 정말 끔찍한 그런 잘못에 비하면 내가 고기를 먹는 것 정도는 하찮은 게 아니냐고!"

이런 변명이 받아들여진다면 여러분은 온갖 끔찍한 일들을 똑같은 식으로 변명할 수 있다. 책 한 권 훔치는 것부터 사람을 죽이는 일까지. 자기가 미워하는 누군가를 죽이고서 다음처럼 핑계대는 사람이 있다면 어떻겠는가? "그까짓 살인 한 번 한 거 갖고 뭘 그래요? 별로 나쁜 짓도 아니라고요! 히틀러가 한 짓을 보세요!"

육식가들이 변명을 하려면 차라리 이렇게 말하는 게 더 낫지 않을까. 음식을 얻기 위해 동물을 죽이는 것은 다른 비도덕적 행위에 비해 죄악의 무게가 덜하다고 말이다. 어떤 행위는 다른 행위보다 더 나쁘다. 죄악을 저울질했을 때 무게가 가장 많이 나가는 것은 히틀러나 폴포트처럼 수십, 수백만의 사람을 죽이는 것이다. 그보다 덜한 것은 어리석음으로 인해 어쩌다 누군가를 죽이는 것이다(음주운전으로 사람을 치듯이). 그보다 덜한 것이 누군가 평생 모은 돈을 훔치는 것이다. 그 다음이 가게에서 사탕을 훔치는 것이다. 그 저울 눈금의 바닥에 가까운 것이 허락도 없이 이웃의 사과나무에서 사과 하나를 따는 것이다. 이 죄악의 저울에서 육식의 무게는 아주 낮지 않을까? 설사 먹는 즐거움을 위해 다른 동물을 죽이는 것이 도덕적으로 나쁘다고 해도 분명 많이 나쁘지는 않을 것이다.

사실 '도덕적' 채식주의자들이 동물 착취나 동물 학대를 그렇게 큰 문제로 삼는 건 좀 심하지 않은가? 인간의 착취나 학대가 훨씬 더 중요하지 않단 말인가?

우리는 노예 소유주만큼 나쁜가?

'별 거 아니다'라는 핑계는 얼마나 좋은 구실이 될까? 채식주의자 대부분은 이렇게 말할 것이다. 별로 좋은 구실이 못 된다고. 그이유는 이렇다.

어쩌면 200년쯤 후의 사람들은 지금 우리가 동물을 대하는 태도를 돌아보고 질겁할지도 모른다. 그들은 아마 이렇게 물을 것이다. 가혹한 환경에서 1년에 수십 억 마리의 동물을 키우고 단지 그 살코기 맛을 즐기기 위해 그 동물들을 도살하는 행위가 지극히 추잡한 행위라는 것을 우리가 왜 몰랐을까? 우리가 하는 일이 도덕적으로 극히 나쁘다는 걸 어떻게 모를 수 있었단 말인가?

노예제를 돌아보면 그 때로서는 다른 인류를 그렇게 대하는 게 정말 나쁘다는 걸 깨닫기는 힘들었겠다는 생각이 든다. 실제로 어떤 이들은 노예를 동물이나 다름없이 취급했다. 더 심한 일도 많았다. 노예한테 채찍질을 하고 고문하면서 처참한 환경에서 살게 했다. 노예가 도망치려다가 발각되면 일부러 다리를 부러뜨린 주인들도 있었다.

그런 주인들이 다른 인류에 대한 그런 행동이 나쁘다는 걸 모를 리가 있었겠냐고? 아니, 노예 소유주들은 그걸 몰랐다. 대부분이 스스로를 정직하고 도덕적인 시민으로 여겼다.

141

올해는 농사가 잘됐어. 신께 감사를!

어쩌면 우리는 노예 소유주와 같을지도 모른다. 지금 우리 행위의 부당함을 아예 깨닫지조차 못하는 건 아닌지. 동물을 지금처럼 대해도 괜찮다는 사람들이 우리 주변에 많기 때문에 우리가 하는 일이 나쁘다는 걸 깨닫기 힘든 것이다.

결국 내 얘기는, 고기를 먹는 것이 도덕적으로 나쁘긴 해도 아주 나쁘지는 않다는 주장은 썩 미덥지가 않다는 것이다. 그건 아주 나쁜 행위일지도 모른다. 별로 나쁘게 생각되지 않는 것은 다만 우리 주변의 다수가 그 행위를 아주 당연하게 생각하기 때문이다.

아직까지 우리는 살코기를 맛보기 위해 다른 종의 동물을 죽이는 것이 별로 나쁜 일은 아니라고 추정할 근거를 찾지 못했다. 그것이 사람 고기를 얻기 위해 사람 동물을 죽이는 것만큼 나쁘지 않다고 볼 근거를 아직 찾아내지 못했다.

캐롤의 마지막 주장 : 아이샤는 극단 채식주의자가 되어야 하지 않을까?

다시 캐롤과 아이샤의 얘기를 들어보자. 지금까지 이 논쟁에서는 아이샤가 단연 우세한 것 같다. 그러나 캐롤은 훨씬 훌륭한 논증으로 단번에 아이샤를 침묵시켰다. 캐롤은 이렇게 말했다.

캐롤 : 아이스크림 정말 맛있네.

아이샤 : 음. 난 아이스크림이 좋더라.

캐롤 : 그럼 말해 봐. 아이스크림을 먹는 건 왜 도덕적으로 나쁘지 않지? 어쨌든 아이스크림은 우유로 만들고 우유는 소에서 나온 거잖아. 치즈도 소에서 나오고. 아까 먹은 야채버거에도 치즈가 있었지?

아이샤 : 치즈나 아이스크림을 만들려고 소를 죽이진 않아.

캐롤 : 하지만 비참한 환경에서 소를 키우는 경우도 많잖아?

아이샤 : 글쎄, 그렇겠지.

캐롤 : 그리고 아무리 그 소들을 받들어 모신다고 해도 소가 우유를 만들려면 송아지를 낳아야 하는 거 아냐?

아이샤 : 그래. 맞아.

캐롤 : 그럼 태어난 송아지들은 어떻게 하지? 그 중 절반은 수컷일 테고 우유를 만들 재주도 없을 텐데.

아이샤 : 음. 그래.

캐롤 : 다 죽이지 않니? 죽여야 할 거야. 그러지 않으면 우린 수소한테 치여 죽을걸.

아이샤 : 음. 그러겠지.

캐롤 : 그럼 보자. 넌 내가 햄버거 먹는다고 설교를 늘어놓았어. 하지만 내가 햄버거를 먹는 거나 네가 그 아이스크림하고 야채버거의 치즈를 먹는 거나 똑같아. 결국 넌 위선자야! 또 네 구두는 가죽 아니니?

아이샤 : 그래.

캐롤 : 그 가죽은 어디서 나왔는데? 역시 죽은 동물한테서지. 그것 봐. 너도 나만큼 그 동물들의 죽음에 책임이 있어. 아무리 네가 고기를 안 먹는다고 해도 말이야!

143

그건 사실이다. 우유를 계속 짜내기 위해서 암소들은 1년에 한 번씩 임신해야 한다. 암소가 낳은 송아지들 가운데 $\frac{1}{4}$ 정도만 우유를 만들기 위해 살려둔다. 나머지는 죽임을 당한다. 그리고 우유를 만드는 데 쓰인 그 소들조차 3~7세가 되면 도살된다(소의 수명은 이보다 훨씬 길다). 결국 우유를 생산하려면 엄청나게 많은 동물이 죽임을 당해야 한다.

캐롤의 주장은 퍽 인상적이었다. 아이샤가 정말 동물을 죽이는 게 비도덕적이라고 믿는다면 우유나 치즈, 아이스크림까지 먹지 말아야 할 테니까. 또 가죽제품도 쓰지 말아야 한다. 대신 비닐이나 헝겊 신발을 신어야겠지.

처음에 얘기했지만 극단 채식주의자들은 그렇게 한다. 이들은 동물의 산물이라면 전혀 입에 대지도 쓰지도 않는다. 아이샤가 자기 주장의 정당성을 믿는다면 극단 채식주의자가 되어야 할 것이다. 그러나 아이샤는 결코 극단 채식주의자가 되지 않았다. 지금까지도 가죽신발을 신고 다니니까. 치즈, 우유, 달걀, 아이스크림도 계속 먹는다.

그래도 캐롤이 보여준 건 기껏해야 아이샤가 조금은 위선적이라는 것뿐이다. 그녀가 보여준 것은 고기 때문에 동물을 죽여서 먹는 것이 나쁘다면 동물의 젖이나 알, 가죽을 얻기 위해 죽이는 것 역시 나쁘다는 것이다. 그러나 다른 종의 동물을 죽여서 먹는 행위를 도덕적으로 용인할 수 있다는 건 증명하지 못했음을 주목할 것! 캐롤은 고기, 우유, 알, 가죽을 위해 동물을 죽이는 것이 실제로 아주 나쁜 일은 아니라고 암시하는 어떤 근거도 제시하지 않고 있다.

고기를 꼭 먹어야 할까?

지금까지 난 채식주의와 극단 채식주의에 대한 찬반 논쟁을 가능한 한 공정하게 살펴보려고 했다. 여러분을 어느 한쪽으로 몰려고 하지는 않았다. 여러분이 부디 이 논쟁을 신중히 생각하고 나름대로 판단했으면 한다.

난 고기를 먹는다. 하지만 고기를 먹지 말아야 한다는 도덕적 주장이 아주 설득력이 있다는 걸 인정한다. 만약 우리가 살코기를 좋아한다는 이유로 다른 종의 동물을 죽여서 먹는 것이 도덕적으로 괜찮다면 왜 괜찮을까? 우리가 인간이 아닌 종에게 전혀 다르게 대하는 행위를 정당화할 수 없다면 우리는 사실 종차별이란 죄를 범하고 있는 셈이다.

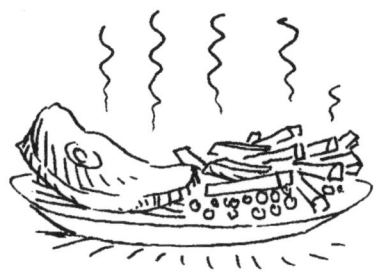

6장
이 세계는 가상 현실이 아닐까?

짐의 게임

짐을 소개한다.

짐은 컴퓨터 게임을 하는 중이다. '지하 감옥의 괴물들'이라는 게임이다. 이 게임에서 이기려면 지하 감옥의 미로를 돌아다니며 괴물들을 죽이고 보물을 찾아야 한다. 보다시피 짐은 이 게임을 무척 좋아한다. 특히 괴물을 죽이는 건 정말 짜릿하거든.

여기서 살짝 여러분한테 귀띔해줘야겠다, 뭔가 이상한 일이 짐한테 일어나고 있다고. 하지만 그 얘기는 나중에 하자. 우선은 가상 현실(virtual reality)에 관해 설명해야 하니까.

가상 현실

이 게임에 나오는 지하 감옥, 총, 괴물이나 보물들은 물론 진짜가 아니다. 이것들은 컴퓨터가 창조해 낸 이른바 '가상 현실'을 이룬다. 가상 현실이란 가상의 사물이 들어 있는 가상의 환경으로 이루어져 있다. 짐의 게임에서 지하 감옥과 복도들은 가상 환경이다. 총, 괴물, 보물들은 가상 사물이고.

여러분도 가상 현실은 경험해 보았을 것이다. 컴퓨터 게임을 하면서 경주장 트랙 위로 차를 몰거나 비행기로 하늘을 날았던 경험도 있겠지. 그런 게임에서 보는 자동차, 경주장 트랙, 비행기 등등은 모두 가짜다. 실제로 존재하지 않는 것들이다.

가상 현실 헬멧

이런 게임을 할 때 여러분은 흔히 TV 스크린 같은 것을 통해 그 움직임을 본다. 그러나 가상 현실을 경험하는 방법에는 여러 가지가 있다.

사실 컴퓨터 과학자들은 '가상 현실 헬멧'을 개발해 내고 있다.

가상 현실 헬멧은 이렇게 작동한다. 그 헬멧을 머리에 쓰면 작은 스크린이 보인다. 이 스크린에는 가상 환경이 비춰진다. 여기서 중요한 건 여러분이 머리를 움직이면 마치 여러분이 진짜 그 환경 속에 있는 것처럼 눈앞의 풍경이 바뀐다는 것이다. 예를 들어 왼쪽으로 고개를 돌리면 가상 환경 속에서 여러분의 왼쪽에 있는 것이 보인다. 고개를 숙이면 가상 환경의 바닥 모습을 보게 된다. 한 바퀴 돌면 뒤에 있는 것까지 다 볼 수 있다.

이 헬멧에는 양쪽 귀에 하나씩 작은 확성기가 달려 있다. 그래서 가상 현실 안에서 나는 소리를 들을 수 있다. 이 확성기 역시 여러분이 어느 쪽을 향하느냐에 따라 다른 소리를 낸다. 그러니까 이 가상 현실 헬멧을 쓰면 마치 가상 환경이 실제로 여러분을 둘러싸고 있는 것처럼 보고 듣게 되는 것이다.

가상 손과 발

또한 손을 뻗어 가상의 사물을 집을 수도 있다. 이런 가상 손을 조종하는 전자 장갑은 이미 개발되었다. 가상 헬멧을 쓰고 전자 장갑을 끼면 여러분 앞에 보이는 가상 손을 움직일 수가 있다. 이 가상 손으로 여러분은 가상 자동차를 운전하거나 가상의 적을 향해 가상 레이저 총을 쏠 수 있다.

가상 현실   현실

뿐만 아니라 여러분은 가상 현실 속을 걸어다닐 수도 있다. 가상 현실을 실행하는 컴퓨터를 여러분의 발과 다리에 묶은 특수 센서에 연결하면 된다. 앞으로 걸으면 컴퓨터가 이를 감지하고 여러분 앞의 풍경과 소리를 바꾼다. 따라서 여러분은 가상 환경 속을 걸어가는 것처럼 느끼게 된다.

이런 가상 현실 장비를 짐한테 주면 어떻게 될까? 그리고 짐이 좋아하는 '지하 감옥의 괴물들' 게임을 실행하는 강력한 컴퓨터에 이 헬멧과 장갑, 다리 센서를 연결하는 것이다. 그러면 짐은 훨씬 더 실감나게 이 게임을 즐길 수 있겠지? 짐은 마치 실제로 이 가상의 지하 감옥에 들어온 것처럼 느낄 것이다. 손을 뻗으면 진짜로 지하 감옥의 벽이 만져지는 것처럼 느낄 것이다.

인공 눈

여기서 인공 눈이라는 또 하나의 기술을 생각해보자. 가상 현실과는 달리 이 기술은 아직까지 별 성과를 거두지 못했다. 하지만 인공 눈이 등장하지 못할 이유도 없다.

이제 여러분의 손을 눈앞에 들어 올려 자세히 봐주기 바란다.

여러분이 손을 볼 때 무슨 일이 벌어질까?

우선은 빛이 여러분의 손에서 반사되어 눈으로 들어가겠지? 눈 앞부분에 있는 수정체가 이 빛을 한곳으로 모아 눈 뒷부분의 망막에다 하나의 상을 만들어 낸다. 눈 뒷부분에 있는 망막은 수없이 많은 광감각 세포로 이루어져 있다. 이 세포는 빛이 비치면 아주 작은 전기 신호를 낸다. 여러분 손의 상이 광감각세

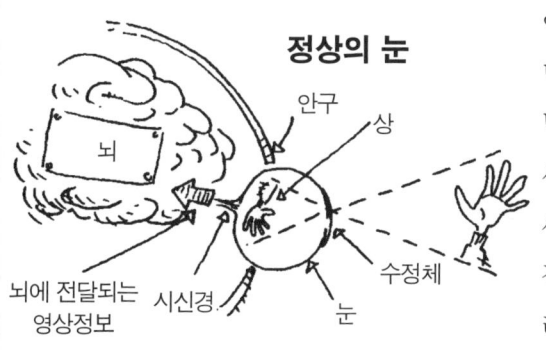

정상의 눈

뇌

안구

상

뇌에 전달되는
영상정보

시신경

눈

수정체

149

포에 비친 결과 생겨난 이 전기 신호의 패턴이 이제 신경다발(시신경)을 따라 눈에서 뇌로 전달된다. 그렇게 해서 여러분은 손을 보게 되는 것이다.

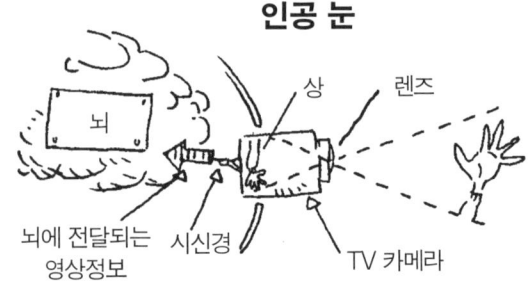

인공 눈

뇌

상
렌즈

뇌에 전달되는 영상정보

시신경

TV 카메라

그러나 시신경을 거쳐 뇌로 전기 신호를 보내는 것이 꼭 정상적인 인간의 눈이어야만 할까? 난 그렇게 생각하지 않는다. 정상적인 눈 대신에 작은 TV 카메라를 쓰면 어떨까?

이 카메라는 지금 여러분의 눈이 하는 일을 할 수 있다. 여러분의 눈이 지금 하는 것과 똑같은 전기 신호 패턴을 시신경에 보낼 수 있다. 그렇게 해도 여러분에게는 모든 것이 똑같이 보일 것이다. 인공 눈으로 보는 세상이나 정상의 눈으로 보는 세상이나 똑같을 거란 얘기다.

막대기 끝에 달린 눈

사실 작은 TV 카메라 눈을 달고 다닌다면 여러 모로 편리한 점이 많을 것이다. 만약에 여러분의 눈이 인공 눈이라면? 인공 눈은 기다란 전선으로 시신경에 연결시킬 수 있다. 그럼 여러분은 한쪽 눈을 빼서 손으로 집을 수도 있다. 물론 뒤통수에 갖다 붙일 수도 있겠고. 누가 여러분을 따라오지 않나 확인할 때에는 정말 편리하겠지?

아니면 한쪽 눈을 막대기 끝에 붙이면 어떨까? 소파 밑에 굴러간 동전을 찾는 데는 그만이다.

로봇 신체

앞으로 과학자들은 인공 눈뿐만 아니라 인공 귀까지 개발할지도 모른다. 정상적인 인간의 귀를 대신할 작은 전자 마이크로폰 말이다. 이 마이크로폰은 정상 귀가 하는 것과 똑같이 우리의 귀를 두뇌에 연결시켜주는 청신경을 자극한다.

그러면 인공 귀를 단 사람도 똑같이 교회 종소리를 듣게 된다.

사실 이렇게 생각하면 여러분의 몸 전체를 인공 기관으로 바꾸지 못할 이유도 없을 것이다. 여러분의 몸이 로봇이 되는 것이다. 그게 어떻게 가능하냐고?

여러분의 두뇌는 나머지 신체 부분과 신경계로 연결되어 있다. 이런 신경 경로 가운데 일부는 전기 신호를 보내고 일부는 전기 신호를 받는다.

보내는 신경은 여러분의 몸을 움직이는 근육에 많은 전기 신호를 보낸다. 예를 들어 여러분이 이 책장을 넘길 때 손이 움직이는 것은 여러분의 두뇌가 팔의 특정 근육에 특정 패턴의 전기 자극을 보내기 때문이다.

두뇌

이 자극이 근육을 움직이고 그 근육의 움직임이 여러분의 손을 움직이는 것이다. 전기 자극을 받는 신경 경로는 여러분의 다섯 가지

감각기관, 즉 눈, 귀, 코, 혀, 피부에서 많은
자극을 받는다. 이렇게 해서 여러분은
주변 세계를 경험하게 된다.
　　그러나 이런 일을 상상해
보자. 여러분의 지금 신체에
서 두뇌를 꺼내어 새로운 로봇의 몸체에 집어넣으면 어떻게 될까?

두뇌

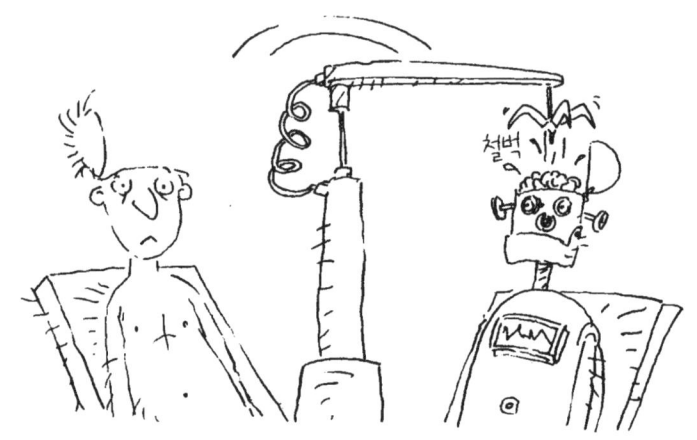

철벅

　　그러면 여러분의 몸뚱이는 못 쓰게 된다. 하지만 상관없다. 새
로봇 몸체가 여러분의 두뇌를 계속 활동하게 만들어줄 테니까. 이
몸체는 여러분의 몸이 했던 것과 똑같은 식으로 여러분의 두뇌로
들어가는 신경을 자극한다. 결국 여러분의
새 로봇 신체는 여러분에게 옛날 신체와
똑같은 경험을 할 수 있게 해준다. 여러
분은 새 로봇 신체로 초콜릿

초콜릿맛

아이스크림도 먹고 음악도 듣고 꽃향기도 맡을 수 있다.

모든 것이 옛날 그대로다.

그리고 여러분의 두뇌에서 나와 이 로봇 신체를 움직이게 만드는 전기 자극 패턴도 정상의 몸뚱이가 했던 것과 똑같다(물론 근육을 움직이는 대신에 작은 전기 모터를 가동시키겠지만). 결국 여러분은 전과 마찬가지로 말하고 걸을 수 있다.

신체가 죽은 후에 살기

물론 아직까지 우리는 이런 로봇 몸체를 만들어내지 못했다. 기술이 그 정도까지 발전한 건 아니니까. 그러나 언젠가는, 한 몇백 년 후면 이런 로봇 신체를 만들 수 있을 것이다.

만약 로봇 신체가 등장한다면 우리는 살과 피로 이루어진 정상적인 몸뚱이가 죽은 뒤에도 살 수 있을 것이다. 여러분이 우연히 트럭에 치였다고 가정해보자. 죽은 몸에서 여러분의 두뇌를 꺼내 새로운 로봇 몸체에 넣을 수 있을 것이다.

그러면 여러분은 살과 피로 된 몸뚱이가 죽은 후에도 계속 살 수 있다. 이제 여러분은 반은 사람, 반은 기계가 되는 것이다.

로봇 신체는 살과 피로 된 정상적인 신체보다 훨씬 튼튼하고 오래가게, 그리고 여러 모로 더 뛰어나게 만들어질 수도 있다. 여러분은 초인적인 힘을 지니게 된다. 놀랍도록 예민한 청각을 지닐 수도 있다. 심지어 X - 레이 투시력까지 생길 것이다.

언젠가는, 아마 천 년쯤 후면 우리는 모두 슈퍼 로봇이 되지 않을까?

그 때 인간의 몸의 일부로 우리에게 남는 건 두뇌뿐일 것이다.

가상 신체

그런데 이런 로봇 신체뿐 아니라 가상 신체를 가지는 것도 가능한 얘기다.

이런 경우는 어떨까? 작은 전기 소켓을 목 뒤에 연결하는 것이다. 이 소켓은 신경이 두뇌로 드나들면서 몸의 나머지 부분과 합쳐지는 부분에 연결되어 있다. 여러분은 이 소켓을 통해 엄청나게 성능이 좋은 슈퍼컴퓨터에 두뇌를 연결할 수 있다. 컴퓨터에 연결된 플러그를 여러분의 소켓에 끼우고 목 뒤에 붙은 작은 스위치를 살짝 누르기만 하면 된다.

그 스위치를 누르면 여러분 두뇌에서 나와 신체를 움직이게 만드는 모든 전기 자극이 다른 곳으로 흘러간다. 슈퍼컴퓨터로 보내지는 것이다. 반면 여러분의 두뇌는 눈과 귀, 코, 혀, 피부가 아니라 슈퍼컴퓨터에서 전기 자극을 받게 된다.

이제 이 컴퓨터가 가상 현실 프로그램을 실행 중이라고 해보자. 어떤 일이 벌어질까? 여러분은 침대에 누워서 옆에 있는 컴퓨터에 자신을 연결시킨다. 그런 다음, 손을 목 뒤로 가져가 스위치를 가볍게 누른다. 물론 여러분이 스위치를 누른 순간 여러분의 몸은 마비된다. 두뇌와 몸의 연결이 끊어졌으니까.

그러나 여러분은 그렇게 느끼지 않는다. 아직도 몸을 움직일 수 있다고 여긴다. 눈앞에서 손가락을 꼼지락거리는 경우를 볼까? 컴퓨터 기억장치가 여러분의 두뇌에서 나오는 손가락 꼼지락 전기 자극을 기록한다. 그리고는 마치 여러분이 진짜로 눈앞에서 손가락을 꼼지락거리는 것처럼 느끼게, 여러분의 눈과 손에서 받을 전기 자극을 두뇌로 보낸다. 이것이 여러분이 보는 광경이다. 여러분은 마치 자신이 진짜로 눈앞

155

에서 손가락을 움직이는 것처럼 보고 느낀다. 물론 지금 여러분 앞에서 꼼지락거리는 손가락은 가상 손가락이지 실제 손가락이 아니다. 진짜 손은 침대 위에 가만히 놓여 있다.

사실 컴퓨터의 성능이 좋기만 하다면 완전한 가상 환경을 실행시킬 수도 있을 것이다. 예를 들어 컴퓨터는 여러분이 새 소리 아름답고 꽃이 만발한 숲 속에 누워 있는 것처럼 느끼게 할 수 있다. 여러분은 일어나서 이 숲을 거닐 수도 있다. 물론 여러분이 보고 듣고 냄새 맡는 나무, 새, 꽃들은 진짜가 아니다. 모두가 가상이다. 그리고 여러분이 가졌다고 생각하는 신체는 진짜가 아닌 가상의 신체이다. 여러분의 실제 몸은 아직도 침대에서 꼼짝 않고 누워 있다.

가상 신체로 저녁 시간을 편안하게 보내는 건 어떨까? 고된 하루 일을 끝낸 여러분은 가상 신체 스위치를 켜고 가상 환경을 탐험할 수 있다. 여러분은 얼마든지 낯선 세계를 구상해 내고 몇 시간 동안 그곳에 다녀오는 경험을 할 수 있다.

게다가 여러분은 얼마든지 가상 신체의 생김새를 선택할 수도 있다. 엘비스 프레슬리 같은 모습을 선택하고 온통 과자로 만들어진 세계를 다녀올 수 있다.

이제 어떻게 가상 신체를 하고 가상 환경에 다녀오는지 알겠지? 그럼 여기서 한숨 돌리고, 슬슬 짐에게 어떤 일이 있어났는지 말해 줘야 할 것 같군.

휴식시간 : 무서운 이야기

어느 날, 블립과 블롭이라는 두 화성인이 지구에 왔다. 이들이 온 것은 인간을 연구하기 위해서였다. 이들은 짐을 첫 번째 연구 대상으로 삼고 짐의 행동을 몰래 관찰하기 시작했다.

블립과 블롭은 짐이 〈지하 감옥의 괴물들〉이라는 컴퓨터 게임을 좋아하는 걸 보고 신기하게 여겼다. 짐은 틈만 나면 이 게임을 했으니까. 짐의 아버지가 차를 준비한다. "나와서 차 마셔라, 짐!" 아버지가 이층에 대고 소리친다. 화성인들은 여섯 번을 불러야 짐이 겨우 내려오는 걸 보았다. 뿐만 아니라 짐이 언제나 벌컥벌컥 차를 들이키고는 곧장 위층으로 다시 올라가 그 게임을 계속하는 것도 알게 되었다.

블립과 블롭은 또 이 게임의 새로운 버전이 나올 때마다 짐이 그걸 사고 싶어 안달하는 것도 알게 되었다. 크리스마스를 앞둔 두 달 동안 짐은 이런 말을 입에 달고 살았다. "엄마, 아빠, 크리스마스엔 새로 나온 〈지하 감옥의 괴물들〉 게임을 꼭 사주세요."

이 모든 것을 관찰한 블립과 블롭은 짐이 정말 실감나는 〈지하 감옥의 괴물들〉 게임을 영원히 할 수 있다면 무엇보다 행복해 할 것이라고 생각했다. 그래서 두 화성인은 짐을 행복하게 해주기로 했다.

크리스마스날 아침. 짐이 서서히 잠에서 깬다. 뭔가 이상하다고 느낀 건 침대 때문이다. 침대가 딱딱하고 차갑다. 마치 돌 같다. 그리고 이상한 냄새가 난다. 눅눅한 곰팡내 같은 것이. 무슨 버섯 냄새 같기도 하다. 똑똑 물방울 떨어지는 소리가 들린다.

짐은 천천히 눈을 떴다. 그는 자신이 돌로 된 긴 복도에 누워 있음을 깨닫는다. 녹슨 금속 받침 안에서 타고 있는 횃불이 복도를 밝히고 있다. 왼쪽과 오른쪽에는 통로가 나 있다. 짐은 뒤쪽을 돌아본다. 앞쪽과 똑같이 복도가 어둠 속으로 길게 뻗어 있다.

왠지 낯이 익은 복도. 그제서야 생각이 났다. 〈지하 감옥의 괴물들〉 게임에 나오는 복도와 똑같이 생겼다. 그러나 이건 진짜 같다. 그는 손을 뻗어서 차갑고 질척한 벽을 쓸어보았다.

순간, 짐은 피가 얼어붙는 것 같았다. 뭔가 울부짖는 소리가 들린 것이다. 수천 번도 더 들어본 소리다. 하지만 컴퓨터 옆에 놓인 작은 스피커에서 나오는 소리가 아니었다. 복도 끝 어둠 속에서 들려오는 소리였다. 이 울부짖음은 현실이다. 그리고 질질 끄는 저 발자국 소리도 현실이다. 짐은 다가오는 게 뭔지 알고 있다. 귀가 터질 듯 가슴이 방망이질치는 소리에 짐의 다리가 휘청거린다. 짐은 달아나기 시작한다.

짐의 부모님은 영문을 알 수가 없었다. 짐을 위해 최신판 〈지하 감옥의 괴물들〉 게임이 설치된 새 컴퓨터를 사왔던 것이다. 그런데 늘 그렇듯 아래층으로 뛰어내려와 선물을 풀어보지 않다니 별일이다. 부모님이 위층에 올라가 천천히 짐의 방문을 연다. 그리고 살짝 안을 엿본다.

"짐? 아직 안 일어났니?" 방안이 조용하다. 커튼이 아직 쳐져 있다. 짐의 침대는 비어 있다.

방안에는 으스스한 빛이 비친다. 바닥에 놓인 컴퓨터 스크린에서 나오는 빛이다. 그러나 그건 짐의 컴퓨터가 아니다. 컴컴한 방에 익숙해지자 그들은 그 어른거리는 스크린이 커다란 회색 상자에 연결되어 있음을 알게 된다.

사실 이 회색 상자는 화성인들의 슈퍼컴퓨터이다. 블립과 블롭은 밤새 부지런을 떨었다. 이들은 이 컴퓨터에다 상상할 수 있는 가장 실감나는 〈지하 감옥의 괴물들〉 버전을 실행하도록 설치했다. 짐을 위해 특별히 만든 컴퓨터였다.

"아아아악!!!" 짐의 부모가 비명을 지른다. 어른거리는 스크린의 화상이 잠시 밝아지면서 방안이 환해진 순간, 컴퓨터 뒤 컴컴한 곳에 놓인 유리통 속에 사람의 뇌가 떠 있는 게 보였던 것이다.

그건 짐의 살아 있는 두뇌였다. 완전히 의식이 있는 두뇌. 블립과 블롭이 어젯밤에 짐의 두뇌를 꺼낸 것이다. 이들은 짐의 몸 나머지 부분은 처분하고 두뇌를 이 생명유지 배양액 속에 넣었다. 그리고는 가지고 온 컴퓨터에다 짐의 두뇌를 연결했다. 짐은 이제 가상 환경 속의 가상 신체를 가지게 되었다. 〈지하 감옥의 괴물들〉이라는 가상 환경 속에. 짐은 이제 가장 실감나는 버전의 〈지하 감옥의 괴물들〉 게임을 하고 있다. 게임을 멈출 수도 없다. 또 그게 현실이 아니란 걸 알 수도 없다.

짐의 부모는 컴퓨터 스크린에 비친 화상으로 눈을 돌린다. 짐이다! 거대한 괴물한테 쫓겨 좁은 복도를 내달리고 있다. "어떡해!" 어머니가 소리친다. 그러나 소리쳐도 소용없다. 짐에게는 그의 뒤를 바싹 쫓아오는 괴물의 울부짖음밖에 들리지 않는다. 짐은 이제 어머니 목소리를 다시 듣지 못할 것이다.

충격을 받은 짐의 부모는 짐이 괴물을 따돌리려는 모습을 지켜보고만 있다. 마침내 짐은 필사적으로 어둠 속에 몸을 피한다. 그는 몸을 웅크린 채 꼼짝 않고 숨도 쉬지 않는다. 괴물이 멈춰 선다. 킁킁거리며 퀘퀘한 공기 냄새를 맡는다. 그러다 가버린다. 일단은.

짐의 부모는 더 이상 지켜볼 수가 없다. 그들은 스크린에서 돌아선다. 그제서야 빨간 리본으로 컴퓨터에 묶여 있는 카드가 눈에 띈다. 그들은 몸을 떨면서 다가간다. 마침내 짐의 부모는 스크린의 어른거리는 빛 속에서, 삐죽삐죽 이상한 글씨로 휘갈긴 글을 읽는다. 이런 내용이다.

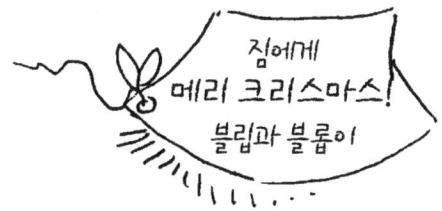

여러분은 통 속의 두뇌가 아닐까?

정말 무시무시한 이야기지? 짐은 결국 너무도 실제 같아서 현실이 아님을 구분할 수도 없는 끔찍한 가상 현실 속에 갇혀버렸다. 그리고 화성인들은 짐을 위해 좋은 일을 했다고 생각했다.

통 속의 두뇌 이야기는 철학자들에겐 아주 흥미롭다. 이런 질문에 관심이 많은 철학자들에겐 특히 더. '우리 주변의 세계에 대해 우리가 알 수 있는 건 무엇일까?' 우리가 방금 본 문제가 바로 이것

161

이다.

아까와는 약간 다른 유리통 속의
두뇌 얘기를 해줄까? 바로 여러
분 얘기다. 어젯밤 여러분이 잠든
사이 블립과 블롭이 여러분 집에
왔었다고 가정해보자. 그들이

여러분에게 약을 먹이고 비행접시에 태워서 쌩 하니 화성에 데리
고 갔다. 그리고 여러분의 몸에서 두뇌를 꺼내어 배양액이 든 유리
통에 넣고는 두뇌에다 슈퍼컴퓨터를 연결시켰다. 여러분의 몸은
버려졌다.

지금 여러분의 모든 경험을 지배하는 것은 그 슈퍼컴퓨터이다.
손가락을 한번 튀겨보도록. 여러분이 손가락을 튀길 때 그 컴퓨터
는 여러분의 두뇌에서 나오는 자극을 측정한다. 이 자극은 화성인
들이 없애지 않았다면 그대로 있었을 여러분의 손가락을 움직이는
신호이다. 그 다음 컴퓨터는 여러분의 눈, 손가락 끝, 귀 등등에 연
결되어 있던 신경 말단을 자극해서 마치 여러분이 스스로 손가락
을 움직여 튀기는 걸 보고 듣고 느끼는 것처럼 만든다. 그러나 여러
분한테는 진짜 손가락이 없다. 컴퓨터가 실행하는 가상 손가락이
있을 뿐.

가상 부모

실제 부모

이런 경험을 만들어내는 컴퓨터의 성능은 놀랍기 그지없다. 여러분의 정상적인 환경을 아주 세세하게 그대로 복사하니까. 그래서 모든 것이 여러분이 실제로 경험했을 때와 똑같이 느껴진다. 여러분의 가상 침실은 현실의 침실과 똑같다. 가상 부모님의 행동도 현실의 부모님과 똑같다.

가상의 거리 풍경도 여러분이 아는 현실의 거리 풍경과 똑같다.

사실 이 얘기가 제시하는 것은 중요한 철학적 질문이다. '여러분이 통 속의 두뇌가 아니라는 걸 어떻게 알까?' 여러분은 주변 세계가 가상이 아니라는 걸 어떻게 아는지? 어젯밤 진짜로 화성인들이 왔다갔는지도 모르는데. 진짜 화성인들이 여러분의 두뇌를 꺼내어 슈퍼컴퓨터에 연결했을 수도 있는데. 만약 그랬다면 여러분이 알 수 있을까? 아니. 그렇지 않을 것이다. 왜냐하면 여러분한테는 모든 것이 여전히 똑같아 보일 테니까.

여러분은 처음부터 통 속의 두뇌였을지도

좀더 무시무시한 얘기가 또 있지. 어쩌면 여러분은 태어날 때부터 줄곧 통 속의 두뇌였는지도 모른다. 아예 지구라는 행성이 존재하지 않는지도 모른다. 여러분이 익히 보아온 사물들, 여러분의 집, 이웃들, 친구, 가족 등등이 짐의 〈지하 감옥의 괴물들〉에 나오는 장소 및 등장인물들과 마찬가지로 '진짜'가 아닐 수도 있다. 그 모든 것들이 화성의 컴퓨터 프로그래머가 만들어낸 것일 수 있다. 어쩌면 이 화성인들은 여러분의 두뇌가 자기들이 발명한 세계에 어떻게 반응하는지 연구하고 있을지도 모른다.

다시 말해서 여러분이 알고 있던 유일한 현실이 가상 현실일 수 있다는 얘기다. 아니라고 말할 수 있는 사람? 없겠지. 아마 없을 것이다.

여러분이 통 속의 두뇌가 아님을 어떻게 알까?

물론 그렇다고 진짜로 자신이 통 속의 두뇌라고는 믿지는 않겠지. 사실 나처럼 여러분도 자신이 통 속의 두뇌가 아니라고 믿을 것이다. 그러나 문제는 이것이다. 여러분은 자신이 통 속의 두뇌가 아님을 알고 있는지? 주변에 보이는 세계가 현실임을 알고 있는지?

대답은 '아니, 여러분은 모른다'이다. 여러분은 여러분이 보는 세계가 현실이라고 믿을 수는 있다. 그리고 여러분이 보는 세계가 정말로 현실일 수도 있다. 그러나 그것이 사실이라 해도 여러분은 그게 현실임을 '알지'는 못할 것이다. 뭔가를 알기 위해서는 그것이 참이라고 믿을 상당한 근거가 필요하다. 그러나 여러분이 보는 것이 가상 세계가 아니라 현실 세계라고 믿을 만한 근거는 전혀 없다. '왜냐하면 세계가 가상이라고 해도 모든 것이 똑같이 느껴지기 때문이다.' 그래서 놀랍게도 여러분은 자신이 통 속의 두뇌가 아니라는 걸 알지 못한다는 얘기가 된다!

따져보면 여러분은 바깥 세계에 관해 아무 것도 아는 게 없다. 여러분이 아는 것들, 여러분 앞의 손이나 여러분이 손에 들고 있다고 생각하는 이 책, 창밖에 있는 것 같은 저 나무나 지구라는 행성까지

164

도 모두 가상일 수 있기 때문이다.

회의론이 뭘까?

방금 살펴본 것처럼 여러분이 자신을 둘러싼 세계에 관해서 아무것도 알지 못한다는 식의 태도를 '회의론적' 태도라고 한다. 회의론자들의 주장에 따르면 우리는 우리가 알고 있다고 생각하는 것을 진짜로 알지는 못한다. 특히 여러분이 주변 세계에 대해 아는 것은 하나도 없다는 주장을 '외부 세계에 대한 회의'라고 한다.

상식에 대한 회의주의

물론 상식적인 관점에서 보면 우리는 외부 세계에 대해 잘 알고 있다. 실제로 여러분이 환한 대낮에 나무를 보면서 "나는 저 나무가 존재하는지 알지 못한다"고 말하면 사람들은 여러분이 미쳤다고 생각할걸!

그러나 회의론자에 따르면 여러분의 말이 전적으로 옳다. 여러분은 그 나무가 존재하는지 알지 못한다. 상식은 틀린 것이다.

상식이 틀린 여러 가지 예

회의론자들의 이런 논증에 화를 내는 사람들도 더러 있다. 우리가 저 나무의 존재를 안다는 것은 사실 가장 근본적인 믿음이거든. 우리는 그걸 상식으로 여긴다. 만약 우리가 기꺼이 믿음을 포기하는 경우가 있다면 누군가가 우리가 틀렸음을 보여줄 때일 것이다. 하지만 그게 가장 근본적인 상식에 속하는 믿음이라면, 다시 말해서 우리가 저 나무의 존재를 안다는 믿음 같은 거라면, 그걸 포기한다는 건 전혀 즐거운 일이 아니다.

실제로 가장 근본적인 믿음을 트집잡히는 건 아주 불쾌한 경험이다. 그걸 어떻게 변론해야 할지 모를 때에는 더욱 기분 나쁘다. 그래서 어떤 사람들은 무척 화를 낸다. 그들은 철학자가 전혀 말도 안 되는 소리를 지껄이고 있다며 이렇게 소리친다. "정말 바보 같은 소리야!"

그러나 철학자는 상식이 결국 틀린 것으로 판명된 많은 경우를 지적하기도 한다. 예를 들면 한때는 지구가 평평하다는 것이 상식적인 관점이었다. 사람들은 지구가 분명 평평할 거라고 생각했다. 어쨌거나 그렇게 보이니까, 안 그래? 선원들은 지구 가장자리를 넘어갈까 봐 걱정하기까지 했다.

그런데 이 상식적인 믿음을 문제삼자 일부 사람들이 아주 화를 냈다. "말도 안 되는 소리!" 이들은 소리쳤다. "지구는 절대 평평해!" 그러고는 발을 쿵쿵 굴렀다.

그러나 지금 우리는 지구가 평평하지 않다는 걸 안다. 상식이 틀렸던 것이다.

상식이 틀릴 수 있는 예는 또 있다. 이 책장을 자세히 보도록. 이 책장은 양면이다. 이쪽 면과…

… 다음 쪽 면. 그럼 스스로 물어보자. 종이가 '한쪽 면'만 있을 수 있을까? 대부분의 사람들은 '물론 아니다'라고 대답한다. 어떤 종잇장이든 양면일 수밖에 없다고. 이것이 상식이다.

그러나 이번에도 상식이 틀렸다. 아래와 같은 종이 띠가 있다고 하자….

… 이걸 한번 꼬아서…

… 양쪽 끝을 붙여 고리를 만들면…

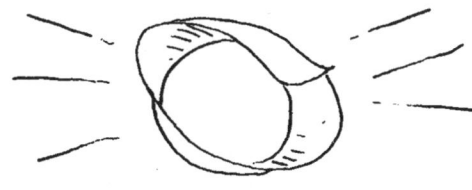

…이 종이에는 오직 한 면밖에 없게 된다. 겉으로 보기에 이 띠에는 양쪽 면이 다 있는 것 같다. 그러나 어느 한쪽을 선택해 고리를 따라가다 보면 다른 면으로 보였던 것이 실제로는 같은 면임을 알게 된다.

결국 상식은 여러 가지 경우에서 틀렸음이 밝혀지고 있다. 어쩌면 저 나무의 존재를 안다는 것에 대해서도 상식이 틀렸는지 모른다.

회의론자들이 주장하고 있지 않은 것

여기서 회의론자들이 주장하지 않는 것을 분명히 해두는 게 좋겠다. 그래야 헷갈리지 않을 테니까.

우선 회의론자들은 여러분이나 자신들이 통 속의 두뇌라는 걸 알고 있다고 주장하는 건 아니다. 다만 어느 누구도 자기가 통 속의 두뇌인지 아닌지를 '어떻게든 알 수 있는 사람이 없다' 는 거다.

두 번째로, 그들은 여러분이 보는 세계가 가상이 아니라 현실이라고 '전적으로 확신할 수 없다' 는 데서 그치는 게 아니다. 그 이상을 주장하고 있다. 여러분이 보는 것이 가상 세계가 아니라 현실 세계라고 믿을 근거가 '전혀 없다' 고 주장하는 것이다.

세 번째로, 아무도 전혀 어떤 것도 알 수 없다고 주장하는 건 아니다. 결국 그들 자신은 뭔가를 안다고 주장하고 있다. 아무도 외부 세계에 대해서 알 수 없다는 사실만은 안다고 말이다.

168

오래된 수수께끼

이제 우리는 어려운 수수께끼에 부닥쳤다. 상식에 따르면 우리는 저 나무의 존재를 알고 있다. 이 상식의 관점을 포기하기는 정말 싫다(내 생각엔 우리가 원한다고 해도 이건 포기할 수 없을 것 같다). 그러나 회의론자들의 논증에 따르면 상식적 관점은 틀린 것 같기도 하다. 즉 우리는 저 나무가 존재함을 알지 못한다. 어느 관점이 옳은 것일까?

비록 현대적인 옷으로 갈아입기는 했지만 이 수수께끼는 아주 오래된 것이다. 사실 가장 유명한 철학 수수께끼에 속한다. 오늘날까지도 전 세계의 대학교에서 철학자들이 이 문제와 씨름하고 있다. 그러면서도 회의론자들이 옳다는 데 동의하지는 않는다. 솔직히 말해서 나도 회의론자들이 옳은지 그른지 잘 모른다.

오랜 세월 많은 철학자들이 회의론에 맞서려고 끊임없이 시도해 왔다. 이들은 상식이 옳다는 걸 증명하려고 애썼다. 어쨌거나 우리는 외부 세계에 관해 알고 있으니까. 회의론을 물리치려는 몇몇 시도는 아주 훌륭했다. 그러나 과연 어느 하나 실제로 효과를 거둔 적이 있었을까? 그 중 한 가지를 살펴보기로 하자.

오컴의 면도날

회의론자들은 두 가지 이론 또는 '가설(hypothesis)'을 제시하고 있다. 첫 번째가 상식 가설, 즉 여러분이 통 속의 두뇌가 아니라는 것, 즉 여러분을 둘러싼 세계는 실제라는 것이다. 두 번째 가설은 여러분이 통 속의 두뇌라는 것, 즉 여러분이 보는 세계는 가상에 불과하다는 것이다.

회의론자들은 첫 번째 가설을 믿을 근거가 없기는 두 번째 가설을 믿을 근거가 없는 것과 마찬가지라고 한다. 두 가지 가설 모두 똑같이 여러분의 감각 증거에 의존하고 있다. 어느 쪽이든 모든 것은 여러분에게 똑같이 느껴질 것이다. 결국 여러분은 첫 번째 가설이 참이고 두 번째가 거짓이라고는 할 수 없다.

여기서 우리는 여러분에게 비친 세계의 모습이 두 가설 모두와 일치한다는 점에서 회의론에 동의할 수도 있다. 그러나 나중에 설명하겠지만 사물이 똑같아 보인다고 해서 두 가설을 똑같이 뒷받침하는 건 아니다.

철학에서 유명한 원칙이 있다. 두 가지 가설이 주어지고 똑같은 증거가 이 두 가설을 뒷받침할 때에는 좀더 단순한 가설을 믿는 편이 늘 합리적이라는 것이다. 이것이 '오컴의 면도날'이라는 원칙이다. 이 원칙은 아주 그럴듯해 보인다.

두 상자의 예

오컴의 면도날을 설명하자면 이렇다. 상자의 한 면에 단추가 있고 위에는 전구가 달려 있다고 해보자. 여러분은 그 단추를 누를 때마다 전구가 켜지는 걸 알게 된다. 단추를 누르지 않을 때에는 불이 꺼져 있다.

이제 두 가지 가설을 살펴보자. 둘 다 여러분이 본 것을 설명하는 것이다.

첫 번째 가설은 단추와 전구가 상자 안에서 하나의 회로로 건전지에 연결되어 있다는 것이다. 단추를 누르면 회로가 이어진다. 그래서 전구에 불이 켜진다.

두 번째 가설은 좀더 복잡하다. 그 단추가 상자 안의 두 번째 전구와 연결된 건전지 회로에 붙어 있다는 것이다. 단추를 누르면 이 내부 전구에 불이 켜진다. 그러면 상자 안의 광센서가 이를 감지하고 두 번째 회로를 이어준다. 이 회로는 두 번째 건전지와 여러분이 상자 밖에서 보는 전구와 연결되어 있다. 그렇게 해서 바깥 전구에 불이 켜진다.

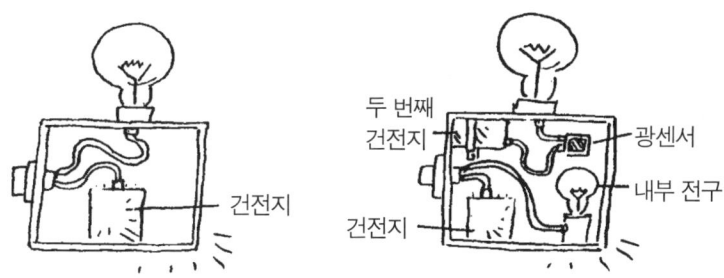

자, 여러분은 이 두 가설 중 어느 것이 좀더 합리적이라고 생각하는지? 사실 두 가설 모두 여러분이 본 것과 똑같이 일치한다. 두 가설 모두 단추를 누를 때에만 전구가 켜진다고 하고 있으니 말이다. 그러나 두 가설이 똑같이 '합리적'이라고 하는 건 왠지 틀린 것 같다. 분명 첫 번째 가설을 믿는 게 두 번째 가설을 믿는 것보다 합리적이다. 두 번째 가설은 좀 복잡하니까. 상자 안에 하나가 아닌 두 개의 회로가 있다고 보기 때문이다.

오컴의 면도날로 회의론자들을 물리칠 수 있을까? 글쎄…, 가능할지도 모른다. 여러분은 두 가지 가설, 즉 여러분이 보는 것이 실제 세계라는 가설과 그것이 가상일 뿐이라는 가설 중에 첫 번째 가설이 좀더 단순하다고 말할 수 있다. 왜냐하면 첫 번째 가설에 따르면 세계는 하나지만 두 번째 가설을 따져보면 세계는 둘이니까. 화성인과 슈퍼컴퓨터, 통 속에 든 여러분의 두뇌가 있는 실제 세계와 그 안에서 창조된 가상의 나무, 집, 사람 등등이 있는 두 번째의 가상 세계 말이다. 결국 첫 번째 가설이 좀더 단순하다면 그게 좀더 합리적이다.

그러므로 회의론자들의 말은 틀렸다. 여러분한테는 사물들이 두 가설에 똑같이 부합하는 것처럼 보이는 게 사실이라고 해도, 여러분이 보는 세계는 가상 세계가 아닌 실제 세계라고 믿는 편이 좀더 합리적이다.

고민 하나

회의론자들의 주장에 대한 이 대답을 어떻게 생각하는지? 솔직히 난 좀 찜찜하다. 이런 고민이 있거든. 여러분이 보는 것이 실재 세계라는 가설이 정말로 더 단순한 걸까? 그 대답은 '좀더 단순하다'는 게 무얼 뜻하느냐에 따라 달라진다. 사실 이렇게 보면 첫 번째 가설이 좀더 단순하지만 또 다르게 보면 덜 단순해진다.

예를 들어 두 번째 가설이 더 단순하다고 말하는 사람도 있을 수 있다. 거기에 필요한 실제 물리적 사물은 몇 개 안 되니까. 화성인 몇 명하고, 통 속에 든 여러분의 두뇌, 슈퍼컴퓨터만 있으면 된다. 지구라는 행성과 나무, 집, 고양이, 개, 산, 자동차 등등이 진짜로 존재할 필요가 없다.

두 번째 가설이 좀더 단순한 이유를 이렇게 말할 수도 있다. 거기에 필요한 진짜 정신이 훨씬 적다고 말이다. 여러분의 친구, 가족, 이웃 등등의 사람들은 그저 가상이므로 그들의 정신도 가짜다. 두 번째 가설에서 필요한 실제 정신은 여러분의 것과 컴퓨터 조작자들의 것뿐이다.

결국 첫 번째 가설이 단순한지는 확실하지가 않다. 사실 여러분은 두 번째 가설이 좀더 단순하고 합리적이라고 주장해도 된다. 여러분이 통 속의 두뇌라고 믿는 편이 좀더 합리적이라고 말이다!

나는 섬일까?

만약 회의론자들이 옳다면(그들이 옳다는 건 아니다) 우리는 저마다 주변 세계와는 동떨어진 중대한 상황에 처해 있다. 여러분은 바깥 세계에 관해 아무것도 아는 게 없다. 여러분이 나무와 집, 고양이, 개, 산과 자동차가 있는 세계에 산다고 믿을 근거는 전혀 없다. 그리고 여러분 주변에 다른 사람들이 있다고 믿을 근거도 없다. 여러분이 아는 거라고는 여러분의 세계 전체, 물론 그 안에 있는 모든 사람을 포함해서(나까지도) 모두가 가상이라는 것뿐이다.

정말 섬뜩한 생각이다. 이건 여러분 스스로를 아주 다른 식으로 보게 만든다. 누군가 이런 말을 했다. '아무도 섬일 수는 없다.' 그러나 회의론자들이 옳다면 이 말은 틀린 것 같다. 우리는 모두 저마다의 외딴 섬에 갇혀서, 감각 경험의 수평선 너머에 있는 세계의 어떤 일도 알지 못한다. 우리는 그 너머의 세계로부터 고립되어 있다. 그리고 서로에게서도 고립되어 있다. 우리는 우리의 정신 속에 갇힌 죄수들이다. 회의론자들이 그리는 그림은 아주 쓸쓸하다.

하지만 어떻게 보면 회의론을 믿는다고 뭐가 달라지는 것도 아니다. 회의론은 일상생활을 건드리지 않고 피해간다. 회의론자들도 일상생활을 계속한다. 고양이에게 먹이를 주고 설거지를 한다. 산책을 나가고 친구를 만나 커피도 마신다. 회의론자들은 비록 자신이 보는 세계가 진짜 세계임을 믿을 근거가 없다고 생각하지만,

173

그들조차 눈앞의 세계가 실제라는 믿음을 버리지 못한다. 우리는
그렇게 믿게 태어난 모양이다. 그건 어쩔 수가 없다.

그러나 회의론자들이 옳을까? 난 확신이 서지 않는다. 여러분
생각은?

7장
정신이란 무엇일까?

나의 정신

이것이 나다.

그리고 이건 벽돌이다.

나와 벽돌의 중요한 차이점 하나는 이것이다. 벽돌과는 달리 나한테는 '정신'이 있다는 것이다.

그럼 내 정신 속에서는 뭐가 벌어질까? 전형적인 인간의 정신을 가진다는 건 내가 '경험'을 할 수 있다는 걸 뜻한다. 그러니까 나는 잼의 맛을 보고 방금 끓인 커피 냄새를 즐길 수 있다는 얘기다.

또한 나는 뭔가를 '결정'할 수 있다. 그 예로, 나는 산책을 하기로 결정한다.

또한 전형적인 인간의 정신을 가진다는 건 내가 고통 같은 '감각'을 느끼고 '문제를 해결'할 수 있다는 애기다(낱말맞추기 퍼즐을 푸는 따위).

나는 또 뭔가를 '기억'하며 '감정'을 느끼고 '믿음'을 가진다(비가 올 거라는 따위).

반면 벽돌은 이 가운데 그 어떤 것도 할 줄 모른다.

박쥐의 정신

물론 정신을 가진 것은 사람뿐만이 아니다. 박쥐를 보자. 박쥐한테도 정신이 있을 것이다. 그러나 박쥐의 정신은 우리 것과 아주 다른 것처럼 보인다.

박쥐는 반향정위(反響定位)라는 걸 이용해서 길을 찾는다. 박쥐는 아주 높고 날카로운 찍찍 소리를 내는데 이 소리는 너무 높기 때문에 사람이 들을 수가 없다.

이 소리가 근처의 사물에 부딪치면 반향을 일으킨다. 박쥐의 귀는 아주 크고 예민해서 이 반향을 들을 수 있다. 박쥐는 이 반향의 세기, 반향이 일어나는 방향, 그것이 돌아오기까지 걸린 시간을 통해 주변에 뭐가 있는지 환히 알게 된다.

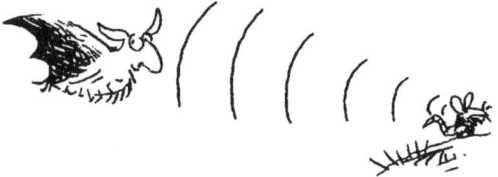

박쥐는 반향정위를 이용해서 칠흑 같은 어둠 속에서도 '볼' 수 있다. 그래서 박쥐는 밤에도 이리 쿵 저리 쿵 부딪치는 일 없이 날 수 있는 것이다.

그런데 박쥐의 정신 속이 어떤지 궁금해진다. 박쥐가 반향정위를 이용해서 세계를 '볼' 때 세계는 어떻게 보일까? 박쥐의 경험은 실로 아주 색다를 것이다. 분명히 우리가 할 수 있는 경험과는 크게 다를 것이다.

두뇌

나한테 있는 건 정신만이 아니다. 두뇌도 있다. 내 두뇌는 머리 속, 양쪽 귀 사이에 있는 기관으로 약간은 미끌미끌하며 회색을 띠고 있다.

원자와 분자

물론 두뇌는 '물리적 사물'이다. 두뇌는 물리 세계의 일부이다. 다른 모든 물리적 사물들처럼 내 두뇌도 물리적 물질로 만들어져 있다.

물리적 물질은 '원자'라는 아주 작은 입자로 이루어진다. 이 원자들이 한데 모이면 그보다 조금 큰 '분자'가 된다. 물리적 사물들, 그러니까 여러분의 두뇌나 땅콩, 이 종이, 또는 책상, 물론 지구까지도 모두 원자와 분자로 이루어져 있다.

세포

살아 있는 몸은 '세포'라는 작은 부분으로 이루어져 있다.

여러분의 몸은 수십억 개의 세포로 이루어져 있다. 여러분의 두뇌와 신경계를 이루고 있는 세포들을 뉴런(neurone)이라고 한다. 뉴런은 이렇게 생겼다.

여러분의 두뇌에는 이런 뉴런이 수없이 많다. 아마 우리 은하에 있는 별의 수만큼은 될걸! 이들 각각의 뉴런은 다시 수많은 원자와 분자로 이루어져 있다.

내 정신과 두뇌는 서로 어떻게 작용할까

두뇌가 무슨 일을 하는지 아는 사람? 고대 그리스에서는 두뇌란

피를 식히는 기관에 지나지 않
는다고 생각했었다(자동차 라
디에이터가 냉각수를 식히는 것
처럼).

　물론 요즘이야 두뇌가 전혀
다른 기능을 한다는 걸 누구나
안다. 우리는 두뇌가 정신과 밀접한 연관이 있다는 걸 알고 있다.
두뇌에서 일어나는 일이 정신에 일어나는 일에 영향을 미치며, 정
신에 일어나는 일이 두뇌에서 일어나는 일에 영향을 준다.

　많은 약들은 두뇌에서 일어나는 일이 정신에 영향을 준다는 것
을 보여준다.

　그 예로 진통제는 내 두뇌에 일어나는 일을 묘하게 바꿈으로써
내가 느끼는 통증을 사라지게 한다.

　또한 과학자들은 여러 방법으로 두뇌를 직접 자극함으로써 정신
에 특정한 경험을 일으킬 수 있다는 사실을 발견했다. 실제로 두뇌
의 뒷부분에 약한 전류를 쏘면 사람한테 번갯불을 경험하게 할 수
있다는 사실이 발견되었다.

　결국 두뇌에서 일어나는 일이 정신에 일어나는 일에 영향을 준
다는 건 틀림없다. 그 거꾸로도 마찬가지다. 정신에서 일어나는 일

이 두뇌에서 일어나는 일에 영향을 준다.

예를 들어 여러분이 이 책장을 넘기기로 했을 때 여러분의 두뇌에 일어나는 일을 과학자는 이렇게 설명할 것이다. 여러분의 두뇌가 팔 근육에 전기 자극을 보낸다. 그 자극으로 근육이 움직이고, 여러분의 손이 이 책장을 넘기게 된다….

… 바로 이렇게 말이지. 여러분 팔의 움직임은 여러분 두뇌에서 일어난 무엇에서 비롯된 것이다.

그렇게 과학자들은 정신과 두뇌는 밀접한 연관이 있음을 보여준다. 그러나 두뇌 속에서 벌어지는 일의 대부분은 아직도 수수께끼로 남아 있다. 두뇌는 엄청 복잡하기 때문이다. 늘 화학 및 전기 작용으로 웅웅거리는 곳이다.

정신은 사적인 장소이다

정신에 관한 야릇한 사실 하나. 정신은 아주 별난 식으로 '감춰져' 있는 것 같다. 내가 자주색의 뭔가를 본다고 하자. 이를테면 내 밝은 자주색 펜을.

어느 누구도 내 정신 속에 들어와서 그 색깔이 나한테 일으키는 경험을 해볼 수는 없다. 오직 나만이 내 경험을 겪는다.

물론 다른 사람이 나와 똑같은 경험을 할 수는 있다. 여러분이 내 펜을 보면 틀림없이 여러분도 그 색을 같이 경험할 것이다. 그러나 여러분의 경험은 여러분 것이고 내 경험은 내 것이다.

다시 말해서, 내 정신은 단단한 벽으로 둘러싸인 철옹성 같다.

다른 사람들이 들어오지 못하는 성벽 말이다.

나의 모든 경험, 생각, 느낌 같은 것은 이 성벽 뒤에 간직된다.

내 정신은 마치 비밀의 정원처럼, 나만이 거닐 수 있는 숨겨진 곳
이다.

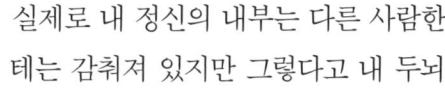

실제로 내 정신의 내부는 다른 사람한
테는 감춰져 있지만 그렇다고 내 두뇌
속에 감춰진 것 같지는 않다. 물론
뇌 외과의사라면 내 두뇌를 X선으
로 볼 수 있다.

이들은 심지어 두개골을 열어 내
두뇌 속이 어떻게 생겼는지 볼 수
도 있다. 그러나 아무리 뇌전공 의

사라 해도 내 정신의 영역에 들어오지는 못한다. 만약에 지금 의사들이 내 두뇌 내부를 본다고 해도 이 펜의 색깔에 대한 내 경험을 발견하지는 못한다. 밝은 자주색이 나는 그 어떤 것도 찾지 못한다. 그저 회색의 미끌미끌한 것들만 보겠지.

박쥐의 정신도 마찬가지다. 우리가 박쥐의 정신 속에 들어가서 박쥐가 된다는 게 어떤 건지 알아내기란 불가능하다. 박쥐가 반향 정위를 이용해서 사물을 '볼' 때 박쥐의 뇌 속에서 일어나는 물리 작용에 관해 우리가 다 안다고 해도, 그 박쥐가 정신 속에서 겪는 경험이 어떤지는 알 수 없을 것이다. 우리는 박쥐가 세계를 경험한다는 게 어떤 건지 여전히 알지 못한다.

중대한 질문, 정신이 뭘까?

이쯤에서 이번 장에서 다룰 철학 질문을 소개하겠다. 내 질문은 이것이다. '정신이 뭘까?' 의식이 있고 생각하고 경험을 즐기고, 행복과 분노, 그 밖의 감정을 느끼고, 뭘 바라기도 하고 두려워도 하고, 결정을 내리는 등등의 일을 하는 이 정신이란 건 대체 무엇일까?

이번 장에서는 철학자들이 이 질문에 내린 서로 아주 다른 답 두 가지를 살펴보겠다.

182

첫 번째 답, 정신은 어찌됐건 '물리 세계의 일부이다.' 아니, 정신이 어떻게 물리 세계의 일부가 되냐고? 글쎄, 여러분 정신에서 벌어지는 일이 곧 두뇌에서 벌어지는 일이라면 확실히 그렇겠지. 어쩌면 우리의 생각, 느낌, 감정, 경험 같은 게 우리 두뇌에서 벌어지는 어떤 물리적 과정에 지나지 않을지도 모른다. 정신은 곧 두뇌일 것이다.

두 번째 답, 정신은 '물리 세계와 분리되어 있다.' 정신이 두뇌와 상호작용은 하겠지만 분명 두뇌와 '똑같은' 건 아니다.

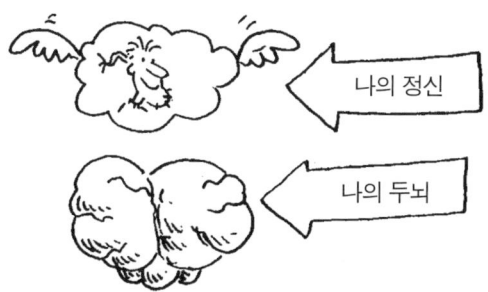

이 두 번째 답에 따르면 우리의 생각, 느낌, 감정, 경험 등등은 별개의 무엇이다. 우리 두뇌에서 웅웅대며 벌어지는 작용에 따로 덧붙여진 것들이다.

여러분이 생각하기에는 어떤 답이 좀더 그럴듯한지?

아이샤와 코버

아이샤를 기억하고 있겠지? 얼마 전 그녀는 우리 친구인 코버를 만났다. 코버는 대학교에서 과학을 공부하는 학생이다.

아이샤와 코버는 단골 카페에 가서 커피를 마시기로 했다. 이제 곧 알겠지만 이 두 사람은 정신에 관해 논쟁하게 되었다. 코버는 정신이 물리적인 것이라고 생각했다. 그러나 아이샤는 정신은 물리적 작용보다 위에 있는 별개의 무엇이라고 확신하고 있었다.

코버 : 음. 바로 이 맛이야.

아이샤 : 동감이야. 난 커피가 좋아. 그건 그렇고, 오늘 오전엔 뭐 했어?

코버 : 존스 박사의 두뇌 강의를 들었어.

아이샤는 코버에게 두뇌 강의가 어땠는지 말해달라고 했다.

코버 : 존스 박사가 그러는데 세계에 대한 우리의 경험은 전부 감각 기관에 의해 생기는 거래. 피부, 눈, 코, 귀, 혀가 우리 두뇌에 전기 자극을 보내기 때문이라는 거야.

아이샤 : 정말?

코버 : 응. 말하자면 이런 거지. 이 커피 냄새를 맡아 봐. 냄새 좋지?

아이샤 : 그래. 정말 끝내준다.

코버 : 그런데 존스 박사에 따르면 네가 이 커피 냄새를 맡을 때 겪는 경험은 커피에서 나온 아주 작은 입자들이 네 코로 들어가기 때문에 생긴다는 거야.

이 입자들이 네 코 안의 세포에 접촉하게 되고…

… 그 세포들이 다시 네 두뇌로 전기 자극을 보내지.

그것 때문에 네 두뇌 속에서 무언가가 벌어지는 거야. 그렇게 해서 네가 지금 겪고 있는 경험이 생기는 거지.

아이샤 : 정말 재밌다!

코버 : 그래, 정말 재밌지? 굉장하잖아. 우리의 모든 경험이 진짜 우리 두뇌 속에서 벌어지는 물리적인 어떤 거라니!

아이샤 : 뭐라고? 아니, 잠깐만. 그건 좀 심하지 않아?

코버가 놀란 표정을 지었다. 아이샤가 그의 말에 왜 갑자기 태도를 바꾸었을까?

코버 : 왜 그래?

아이샤 : 좋아, 내가 이걸 경험할 때 내 두뇌에서도 무슨 일이 생긴다는 건 알겠어.

코버 : 그래, 그렇지.

아이샤 : 하지만 그 다음에 내 경험이 내 두뇌에서 벌어지는 물리적인 어떤 거라고 하지 않았니?

코버 : 그랬지.

아이샤 : 참, 기가 막혀서! 우리가 경험을 할 때 우리 두뇌에서 무슨 일인가가 일어난다는 걸 과학이 증명하긴 했지. 사실 우리 정신과 두뇌가 상호작용을 한다는 건 분명한 것 같아. 하지만 그렇다고 해서 우리 경험이 곧 우리 두뇌에서 벌어지는 어떤 일이라는 얘기는 될 수 없어. 안 그래?

아이샤가 두뇌 속에 경험이 있을 리 없다고 생각한 이유

과학이 우리 정신에서 뭔가 일어날 때에는 두뇌에서도 뭔가 일어난다는 걸 보여주긴 했지만 그렇다고 우리 정신에서 일어나는 일이 곧 두뇌에서 일어나는 일이라고 볼 수 없다는 아이샤의 말은 전적으로 옳다.

그런데 경험이 두뇌 속에서 벌어지는 어떤 것이 아니라고 생각할 이유가 있을까? 아이샤는 있다고 생각했다.

아이샤 : 내가 생각하기엔 내 경험은 두뇌 속에서 벌어지는 그 어떤 것도 아닌 게 분명해.

코버 : 왜?

아이샤 : 좋아. 커피 향기를 맡아 봐.

아이샤와 코버는 커피 향기를 깊이 들이마셨다.

아이샤 : 그래, 네 경험이 어떤데?

코버 : 경험이 어떠냐니, 무슨 말이야?

아이샤 : 그 경험에 집중해 봐. 그 경험이 이러이러하다는 게 있을 거 아냐. 너만의, 네 정신 속의 뭔가가 말이야. 그게 어떤 거지?

코버는 다시 한 번 냄새를 맡았다.

코버 : 음. 말로 표현하기 어려운데. 아주 기분 좋아. 날카롭고 싸하달까.

아이샤 : 그거야, 나도 그래.

코버 : 그래서, 요점이 뭐야?

아이샤 : 만약에 네가 지금 당장, 내가 이 경험을 하고 있는 동안에 내 두뇌 속을 본다고 해도 날카롭고 싸한 건 도저히 찾을 수 없을 거야, 안 그래?

네가 내 두뇌 속을 검사한다고 해도 미끌미끌한 회색 물질만 잔뜩 있을 거야. 내 두뇌 속에서 일어나는 일을 아무리 자세히 관찰해

이런, 날카롭고 싸한 거라곤 찾아볼 수가 없네.

도 날카롭고 싸한 건 찾지 못할 거라구. 그렇지?

코버 : 그렇겠지.

아이샤 : 결국 내 경험은 날카롭고 싸한 건데 내 두뇌 속에는 그런 게 없어. 그렇다면 내 경험은 두뇌 속에 없다는 말이 되잖아?

여러분은 아이샤의 논증을 어떻게 생각하는지? 아이샤가 경험이 물리적이지 않다는 것을 보여준 걸까?

우리한테 영혼이 있을까?

그러나 코버가 아이샤의 논증에 넘어간 건 아니었다. 사실 그는 아이샤의 말을 제대로 이해하지 못했다.

코버 : 이해가 안 돼. 네 경험이 물리적인 게 아니라면, 그럼 뭐지? 그건 분명 물리적인 거야. 어쨌거나 물리적인 우주밖에는 없으니까.

그러나 아이샤는 물리적인 우주 말고도 뭔가가 있어야 한다고 생각했다.

188

아이샤 : 내 생각은 달라. 물리적인 어떤 것도 이것, 지금 내가 느끼는 날카롭고 싸한 경험을 할 수는 없어. 실제로 그 경험을 지각할 수 있는 방법이 없다구. 그렇다면 내가 그런 경험을 하는 한, 내가 의식하는 한, 나는 물리적인 어떤 것이 아니라구. 안 그래? 나는 뭔가 다른 종류의 것이라야 해.

코버 : 그게 어떤 건데?

아이샤 : 난 영혼이라는 거야.

코버는 무척 혼란스러웠다. 그는 아이샤한테 '영혼'의 뜻을 물었다.

아이샤 : 영혼은 너희 과학자들이 다루는 자연 세계, 즉 물리적 우주에 속한 게 아냐. 다시 말해서 '물리적' 사물이 아니지. '물리적' 물질로 이루어진 산이나 호수, 땅콩, 케이크 같은 사물이 아니라고. 내가 말하는 건 '뭔가 전혀 다른 종류의 것'이야. '비물리적'인 것 말이야. '초자연적'인 것. 바로 '영혼'이야!

코버 : 그럼 넌 네가 물리적 우주에 속하지 않는다는 거야? 너, 그러니까 의식을 가지고 경험하고 생각하고 느끼고 하는 것이 영혼이라고?

아이샤 : 그래. 맞아.

코버 : 나한테도 영혼이 있고?

아이샤 : 물론이지. 우리 둘 다 영혼이 있어.

영혼은 어떻게 냄새를 경험할까?

사람마다 영혼이 있다는 아이샤의 이론을 '영혼 이론'이라고 해 보자.

189

아이샤의 영혼

아이샤의 몸

아이샤에 따르면 그녀에겐 물리적 신체가 있다. 그러나 그녀 자신은 물리적인 것이 아니다. 그녀, 의식적인 경험을 하는 존재, 느끼고 생각하는 그 존재는 영혼이다. 이 말은 그녀의 물리적 신체가 죽어서 완전히 없어져도 아이샤는 계속 살 수 있다는 뜻이다.

그럼 영혼 이론에 따르면 아이샤는 어떻게 물리 세계의 것들을 경험할까? 예를 들어 아이샤가 그녀 앞에 놓인 커피의 냄새를 어떻게 맡는다는 걸까?

아이샤는 커피의 작은 입자들이 코로 들어온다는 코버의 말에 동의했다. 이 입자들이 코버가 말한 코 안의 세포를 자극한다. 이 세포가 다시 그녀의 두뇌에 전기 자극을 보낸다.

그러나 아이샤는 그녀의 두뇌에서 일어나는 것이 곧 그녀의 경험이라는 코버의 말이 틀렸다고 한다. 그 경험을 하는 것은 두뇌가

아니라 영혼이다.

　그럼 아이샤의 두뇌는 어떻게 영혼으로 하여금 경험을 하도록 만드는 걸까? 아이샤에 따르면 그녀의 두뇌는 마치 작은 송신기와도 같다. 이 송신기로 두뇌는 영혼에 신호를 보낸다. 그렇게 해서 아이샤의 영혼이 커피의 냄새를 경험하게 된다.

천국과 윤회

　여러분도 알겠지만 많은 종교 신도들이 영혼 이론을 믿는다. 심지어는 물리적 신체가 죽은 후에도 영혼은 계속된다고 믿는 사람들도 있다. 그 영혼들은 천국으로 간다. 어떤 사람들은 '윤회'를 믿는다. 그들이 죽은 후 영혼이 새로운 물리적 신체로 옮겨간다는 것이다(그게 꼭 사람이 아닐 수도 있다. 개나 민달팽이로 다시 태어날 수도 있겠다).

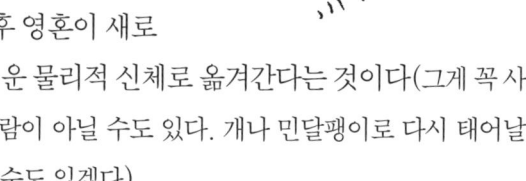

전생에 난 북덕방을 했었지.

　그러나 영혼 이론을 믿는 사람이 많기는 하지만 곧이곧대로 믿기엔 걸리는 게 많다. 아무리 영혼 이론을 믿는 사람이라도 이건 인정해야 할 것이다. 물리적인 것 외에 초자연적인 것, 영혼 같은 것이 존재한다는 말은 아무래도 썩 과학적으로 들리지 않는다. 안 그런가?

영혼 이론의 문제점

아이샤가 일어서더니 케이크가 놓인 곳으로 갔다. 거기엔 두 개의 접시가 있었다.

한쪽 접시에는 아이스 번이 있었고 다른 한쪽에는 초콜릿 브라우니가 있었다. 아이샤는 초콜릿 브라우니를 먹기로 했다. 그래서 손을 내밀어 초콜릿 브라우니 가장자리를 손가락으로 집어 들어올렸다.

그리고 코버 옆으로 돌아와 브라우니를 먹기 시작했다.

코버 : 솔직히 말해서 네 말은 엉터리야! 영혼 같은 건 없어. 영혼은 비과학적이라고!

아이샤 : 왜?

코버 : 봐, 방금 네 몸은 움직였어. 넌 손을 뻗어서 초콜릿 브라우니 하나를 집었고.

아이샤 : 그랬지.

코버 : 그럼 널 움직이게 만든 게 뭔데?

아이샤 : 내 팔 근육이 내 손을 움직인 거지. 그 근육은 또 내 두뇌에서 나온 전기 자극으로 움직인 거고.

코버 : 그래, 맞아. 그게 과학적인 관점이야. 네 손은 네 두뇌 속에서 일어나는 뭔가에 의해 움직이도록 만들어진 거야.

아이샤 : 그렇지.

코버 : 하지만 네 손을 움직이게 만든 건 네 영혼이라야 되는 거 아냐?

아이샤 : 맞아. 영혼이 내 두뇌 속에 뭔가를 일으켜서 내 손을 움직이게 만든 거야. 마치 내 두뇌에 작은 수신기가 있어서 영혼이 보내는 신호를 받는 것처럼.

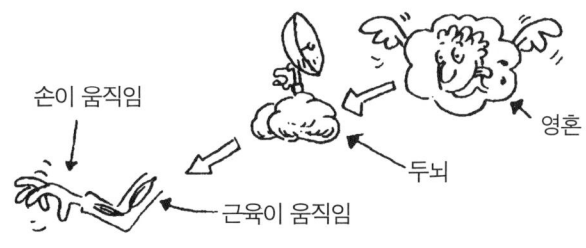

결국 내 영혼이 내 두뇌 속에 뭔가를 일으킨 거야. 그것이 내 근육을 움직인 거고. 그래서 내 손이 브라우니를 집었지.

코버 : 그럼 네 두뇌 속에서 뭔가가 일어난 건 네 영혼에서 무슨 일인가가 일어났기 때문이란 말이야?

아이샤 : 그렇지.

코버 : 네 두뇌 속에 일어난 것이 물리적인 작용 때문이 아니란 말이지?

아이샤 : 그래. 분명히 아니야.

코버는 이제 아이샤의 이론에서 문제점을 발견한 것 같았다. 그는 커피를 한 모금 마시더니 그 문제점을 설명했다.

코버 : 네 이론에는 문제가 있는 것 같아, 아이샤. 두뇌는 분명 물리적 우주에 속해, 그렇지?

아이샤 : 물론이야.

코버 : 그런데 물리적 우주에서 벌어지는 일들은 사물의 물리적인 양상에 따라 항상 미리 정해져 있는 것 같아.

아이샤 : 그게 무슨 뜻이야?

코버 : 들어봐. 그 브라우니를 집기 1분 전, 넌 브라우니를 먹을지 아이스 번을 먹을지 결정하지 않은 상태였지?

아이샤 : 그랬지. 브라우니나 번이 있는 것도 못 봤으니까.

코버 : 맞아. 그런데 과학자들은 네가 그 브라우니를 집기 1분 전에 이 카페에서 일어날 일에 대해 속속들이 알고 있는 것 같거든….

아이샤 : 모두라니? 내 두뇌 속 원자 하나하나의 움직임까지 말이야?

코버 : 그래, 하나도 빼놓지 않고. 만약에 과학자들이 그 모든 정보를 가지고 있다면 네 손이 그 브라우니를 집을 줄 미리 알아냈을 거야.

봐, 네 두뇌에서 일어나는 일, 네 손의 움직임 등 모든 물리적 사건은 사물이 물리적으로 존재하는 양상에 따라 미리 정해져 있어.

다른 예를 들어볼까? 우리 두 사람의 신체가 오늘 오전 이 카페로 들어왔다는 사실은 사물의 물리적 양상에 따라 2시간 전에 이미 정해져 있었어. 우리가 이 카페에 오자고 하기 전에 말이야.

아이샤 : 그래서…?

코버 : 그 말은 영혼 같은 비물리적인 것이 물리적 수준에서 벌어지는 일에 영향을 미칠 수가 없다는 얘기지. 결국 네 영혼은 네 몸이 하는 일에 어떤 영향도 줄 수 없다는 거야.

아이샤는 머리를 긁적이며 혼란스런 표정을 지었다.

아이샤 : 왜 그럴 수 없지?

코버 : 이렇게 생각해봐. 네가 브라우니를 집지 않기로 했다고

말이야. 대신 넌 아이스 번을 집기로 했어. 그래도 어쨌든 네 손은 그 초콜릿 브라우니를 집었을 거야.

네 손이 브라우니를 집은 건 사물의 물리적 양상에 의해 미리 그렇게 되어 있었기 때문이야.

아이샤 : 아, 알겠다. 그러니까 물리적 우주에서 일어나는 모든 사건은 사물의 양상에 따라 미리 그렇게 되어 있었다는 얘기네. 그래서 비물리적인 어떤 것이 그 결과에 영향을 미칠 여지가 없다, 결국 내 영혼은 내 손이 하는 일에 영향을 미칠 수 없다?

코버 : 바로 그거야. 그러니까 네가 마음먹은 대로 손을 움직일 수 있는 이상 너는 영혼일 수가 없어. 영혼 이론은 틀린 게 분명해.

아이샤 : 어휴.

코버가 방금 설명한 것은 영혼 이론이 지닌 아주 심각하고도 유명한 문제점이다. 설사 영혼 같은 것이 있다고 해도 우리 몸이 하는 일에 영향을 미칠 수 없다는 것이다. 철학자들은 이 문제를 풀려고 여러 가지 방법을 써왔다. 그러나 그 해법들이 정말로 설득력이 있는 것 같지는 않다. 결국 코버처럼 우리는 영혼 이론을 부정해야 할지도 모른다.

수수께끼

영혼 이론을 부정하는 사람들, 즉 오직 물리적인 것만 있다고 믿는 사람들을 '유물론자(materialist)'라고 한다. 유물론자들에 따르면 오로지 자연적, 물리적 세계만이 존재한다. 이 말은 나, 즉 의식을 가지고 경험하고 생각하고 느끼고 하는 이 존재가 어쨌든 물리적 우주에 속한다는 뜻이다.

그러나 유물론이 풀어야 할 커다란 수수께끼가 하나 있는데 이런 것이다. 물리적 우주의 일부가 어떻게 의식이라는 불꽃을 가질 수 있을까? 물리적 사물 덩어리에 불과한 것이 어떻게 슬픔과 고통을 느낄까? 물리적인 것이 어떻게 이것, 즉 내가 책상에 놓인 커피 냄새를 맡을 때 겪는 경험을 누릴 수 있을까? 단순히 원자와 분자를 특정 방법으로 조합하는 방법으로 어떻게 그같은 정신을 만들 수 있을까?

이것이 코버 같은 유물론자들이 설명해야 할 문제이다.

코버의 이론

사실 코버는 풀어야 할 수수께끼가 이렇게 많은지는 미처 생각을 못하고 있었다. 그는 이제 아이샤한테 자기 이론을 설명하기 시작했다.

코버 : 난 여러 가지의 정신 상태들은 사실 두뇌 상태의 한 유형이라고 봐.

아이샤 : 두뇌 상태?

코버 : 내 말 들어봐. 두뇌는 아주 복잡한 기관이야. 수백 수천만 개의 세포로 이루어져 있어. 이 세포들을 뉴런이라고 하지. 이 뉴런들은 아주 복잡한 망처럼 서로 얽혀 있어.

두뇌

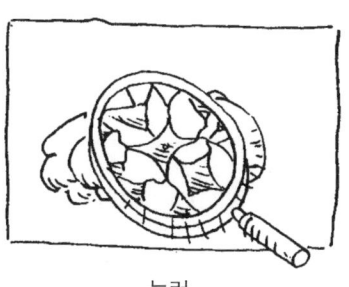

뉴런

아이샤 : 하지만 뉴런이 의식과 무슨 관계가 있어? 이를테면 내가 아프다는 경험과 뉴런이 무슨 관계냐고?

코버 : 어떤 사람이 통증을 느낄 때에는 두뇌가 특정 상태에 있는 거야. 특정 뉴런이 두뇌 속에서 작동하는 거지.

아이샤 : 그래?

코버 : 그리고 사람이 아프다는 건 바로 그 뉴런들이 작동하기 때문일 거야. 그같은 두뇌의 특정 상태가 통증인 거지. 통증과 두뇌 상태는 똑같은 하나야.

아이샤 : 무슨 말인지 잘 모르겠는데?

코버 : 우리가 서로 다르다고 생각했던 것이 실은 '똑같은 하나' 임을 발견할 때가 종종 있다는 건 너도 알잖아? 예를 들면 탐험가가 어느 밀림에서 본 산과 어느 사막에서 본 산이 사실은 '똑같은 하나의 산' 이었다는 걸 발견하는 경우처럼.

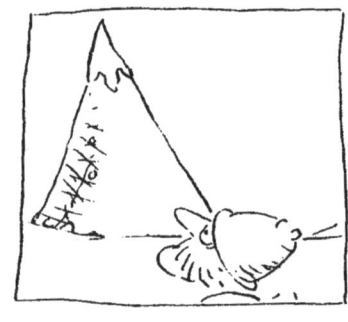

탐험가는 그제서야 그동안 다른 두 방향에서 보았을 뿐 똑같은 산을 보고 있었다는 걸 깨달은 거야.

아이샤 : 아! 알았다. 그러니까 탐험가가 밀림에서 본 산이 곧 사막에서 본 산과 똑같은 산이라는 것처럼 고통도 두뇌의 특정 상태라는 거지? 고통과 두뇌의 한 상태 역시 똑같은 하나의 것이고.

코버 : 바로 그거야!

아이샤 : 그리고 우리의 모든 의식적 경험도 마찬가지다?

코버 : 그래, 맞아. 행복을 느끼거나 노란색을 보고 쓴맛을 느끼고 하는 게 다 똑같아. 이런 경험들은 사실 두뇌의 한 상태에 지나지 않아.

아이샤 : 그럼 이것, 지금 이 커피 냄새를 맡는 경험도 두뇌의 한 상태일 뿐이겠네?

코버 : 그래. 맞아.

코버의 말처럼 우리 경험 등등이 모두 두뇌의 특정 상태에 지나지 않는다는 이론을 '두뇌 이론'이라고 하자.

'그러나 통증은 내 발에 있다…'

여러분은 지금쯤 두뇌 이론에 따르는 문제를 고민하고 있겠지? 아마 이런 생각을 할지도 모르겠다. 내가 발이 아프다고 느낄 때 그 통증은 내 발에 있다. 그렇다면 통증은 두뇌에 있는 게 아니지 않은가?

두뇌 이론에 멋지게 반론했다고? 글쎄, 아닌 것 같다. 이 반론에 대해 두뇌 이론은 이렇게 해명한다. 다리를 절단한 사람들이 때로는 그 후에도 자신의 다리를 느낀다. 이들이 발에 통증을 느낀다는 보고는 실제로 종종 있다. 물론 이 사람들에게는 발이 없다. 그들의 발은 더 이상 존재하지 않는다.

이 경우 이들이 느끼는 통증이 발에 있다는 건 말이 안 된다. 통증이 이들의 발에 있지 않다면 어디 있을까? 이 사람들의 두뇌에 무슨 일인가가 일어나지 않았다면 어떤 통증도 느끼지 못했을 테고 결국 이들의 통증은 두뇌에 있음이 분명하다. 만약 '이들'의 통증이 두뇌에 있다면 여러분이나 나의 경우도 마찬가지다.

물의 예

아이샤가 코버에게 물었다.

아이샤 : 좋아. 통증이 두뇌 상태라면, 다시 말해서 통증을 느끼는 게 곧 두뇌의 특정 뉴런이 작동하는 거라면 그 때 두뇌는 어떤 상태지?

코버 : 솔직히 나도 몰라. 우리 과학자들은 통증이 두뇌의 어떤 상태인지 아직 밝히지 못했어. 하지만 모든 걸 볼 때 언젠가는 꼭 밝혀질 거라고 봐. 이 컵에 든 물을 보자. 나는 과학자로서 물이 H_2O라고 말할 수 있어. 이 컵은 분자로 가득 차 있고 그 분자들은 두 개의 수소 원자와 한 개의 산소 원자로 이루어져 있어. 이런 식이지.

코버는 메뉴판 뒷면에다 이런 도식을 그렸다.

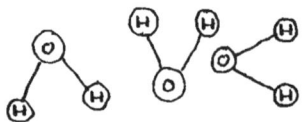

코버 : 과학자들은 H₂O가 곧 물이라는 걸 증명했어. 물과 H₂O 는 똑같다는 걸 발견한 거라고.

아이샤 : 그게 통증과 무슨 상관이야?

코버 : 마찬가지로 과학자들이 두뇌의 어떤 상태가 통증인지 밝혀낼 날이 올 거라는 얘기지. 통증을 느끼는 사람의 두뇌를 스캔하거나 해서 말이야.

물이 H₂O라는 게 밝혀졌듯이 통증도 결국 두뇌의 특정 상태라는 게 밝혀질 거야. 두고 보라고.

코버의 두뇌 이론은 확실히 아주 '과학적' 으로 들린다. 그렇지? 사실 많은 과학자들이 이 두뇌 이론식의 설명이 거의 확실하다고 생각한다.

눈이 없는 외계인 논증

그래도 아이샤는 두뇌 이론이 틀린 것 같았다. 자신의 의식적인 경험이 두뇌의 상태라는 건 도무지 말이 안 되는 소리였다. 그녀가 마지막으로, 그게 왜 말이 안 되는지를 설명했다.

아이샤 : 그래도 네 두뇌 이론은 틀린 것 같아.

코버 : 왜?

아이샤 : 아까도 설명했잖아. 두뇌 과학자들이 내 두뇌 속을 본다고 해도 내 정신은 절대 보지 못한다고. 정신은 사적인 장소야. 물리 세계와는 동떨어져 있다고.

코버 : 난 네 말이 이해가 안 된다.

아이샤 : 좋아. 다른 예를 하나 더 들게. 내 경험이 결코 물리적인 게 아니라는 걸 증명하겠어.

코버 : 증명? 농담이겠지!

아이샤 : 두고 보면 알아! 얘기 하나 해줄까? 눈이 없는 외계인 얘기.

코버 : 눈이 없는 외계인?

아이샤 : 응. 지능을 가진 외계인들이 있는데 이들한테는 눈이 없어. 전혀 앞을 못 보지.

코버 : 그럼 어떻게 길을 찾는데?

아이샤 : 주로 촉감을 사용해. 흐늘흐늘한 긴 팔이 더듬이 역할을 하거든. 또 크고 예민한 귀가 있어서 박쥐처럼 소리를 이용하기도 해.

물론 이 외계인들 역시 의식을 지녔어. 의식적인 경험도 하고. 하지만 눈이 없으니까 색을 보지는 못해. 그런데 이 외계인들은 우리 인간에 대해 굉장히 궁금해 해. 특히 인간이 된다는 건 어떤 건지, 우리처럼 세계를 경험한다는 게 어떤 건지 알고 싶어 해. 색을 경험하는 게 어떤 건지는 더더욱 궁금해하고. 이를테면 빨간색을 보면 기분이 어떨까 하면서 말이야. 그래서 이 외계인들이 너를 납치했어.

이들은 너를 비행접시로 끌어올렸지. 그리고 너를 묶은 뒤 우리가 빨갛다고 부르는 여러 가지 사물들을 보게 했어. 케첩 병, 딸기 등등을.

코버 : 소름 끼친다! 왜 그랬는데?

아이샤 : 네가 이 물건들을 볼 때 빨간색을 경험하니까 그렇지. 네가 그 경험을 하는 동안에 최첨단 스캐너를 사용해서 네 몸을 스캔하려는 거야.

이 스캐너는 네가 빨간색을 볼 때 네 안에서 일어나는 물리 작용에 관해서 '하나도 남김없이' 말해주는 장치야. 네 두뇌 속에서 벌어지는 일은 말할 것도 없고.

코버 : 하나도 남김없이? 원자 하나까지도?

아이샤 : 그래. 모든 걸 남김없이. 이제 중요한 질문 하나 할게. 너에 관한 이 모든 '물리적' 정보들이 빨간색을 경험한다는 게 실로 어떤 건지 외계인한테 말해줄 수 있을까?

코버 : 흠. 그러지는 않겠지. 그들은 장님이야. 색을 본다는 게 어떤 건지 여전히 모를걸.

아이샤 : 그거야. 네가 그 경험을 할 때 두뇌를 포함해서 네 몸 안에서 벌어지는 모든 물리 작용에 관해 그 외계인들이 아무리 많은 정보를 가진다 해도, 그 경험을 하는 사람의 입장에서 그게 실로 어

떤 경험인지는 알 수 없을 거야.

코버 : 그래.

아이샤 : 두뇌 이론이 틀렸다는 증거가 그거야. 외계인들은 네가 경험하는 이것, 우리가 케첩 병을 볼 때 경험하는 걸 알 수 없어. 맞지?

코버 : 맞아. 외계인들은 그건 모를 거야.

아이샤 : 하지만 그들의 스캐너는 너에 관한 모든 물리적 사실을 말해줘, 그렇지?

코버 : 그래.

아이샤 : 그렇다면 그건 네가 그 경험을 한다는 것이 곧 너에 관한 물리적 사실은 아니라는 얘기야! 경험 자체는 비물리적인 거야!

코버 : 그럴 리가 없어.

아이샤 : 그렇다니까!

코버 : 천만에! 경험은 물리적인 게 분명해. 네 논증에 뭔가 틀린게 있을 거야.

아이샤 : 그래, 뭐가 틀렸는데?

코버 : 어…, 나도 몰라.

정신의 수수께끼

여기서 한 발짝 물러서서 우리가 어디쯤 와 있는지 돌아보자. 우리는 정신이란 무엇인가 하는 문제를 보고 있었다. 정신은 물리 세계에 속하는 것일까? 아니면 뭔가 별개의 것, 물리적인 것에 덧붙여져 따로 존재하는 것일까? 이 질문에 답하는 과정에서 우리는 동시에 다른 두 방향으로 줄다리기를 하고 있음을 깨달았다.

코버는 우리를 한쪽 방향으로 끌어당기고 있다.

그의 논증은 우리 정신이 어쨌든 물리 세계의 일부임을 보여주는 것 같다. 만약에 우리 정신이 물리적인 것이 아니라면 지금처럼 우리 몸을 움직이게 하지는 못할 것이다.

그럼 우리 정신은 물리적이라는 주장을 왜 그냥 받아들이지 못할까? 아이샤의 논증이 우리를 다른 방향으로 끌어당기기 때문이다. 아이샤가 말한 '눈 없는 외계인 논증'은 우리 정신에서 벌어지는 일에 관한 사실들이 우리에 관한 물리적 사실들과는 달리 숨겨져 있음을 보여주는 듯하다. 그렇다면 정신은 물리적인 것이 아니란 얘기다.

결국 정신은 물리 세계의 일부인 것 같기도 하고 또 한편으로는 물리 세계의 일부가 아닌 것 같기도 하다. 어느 쪽일까? 솔직히 나도 잘 모르겠다. 뭐, 나만 모르는 게 아니다. 오늘날 전 세계 대학의 철학자와 과학자들도 우리의 정신과 물리적 신체가 어떤 관련이 있는지를 놓고 끊임없이 싸우고 있으니까.

여러분 생각은?

8장
신은 존재할까?

우주

나는 밤하늘이 아름답게 드리운 동산 꼭대기에 앉아 있다.

별들이 밝게 반짝인다. 동쪽으로는 거의 꽉 찬 보름달이 나무 꼭대기에 걸려 있다. 서쪽으로는 옥스퍼드의 첨탑이 보인다. 불과 몇 분 전 해가 진 첨탑 위 하늘에는 붉은 빛이 희미하게 남아 있다. 그 붉은 하늘과 달 사이에 밝게 빛나는 점 두 개가 걸려 있다. 금성과 목성이다.

이 동산 꼭대기에 앉아 있으려니 우주의 광대함에 새삼 놀라게 된다. 우리가 있는 곳은 여기, 뻘겋게 단 거대한 바위덩어리, 지구라는 행성의 서늘한 겉껍질 위다.

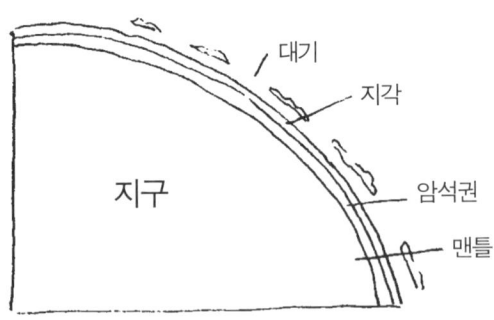

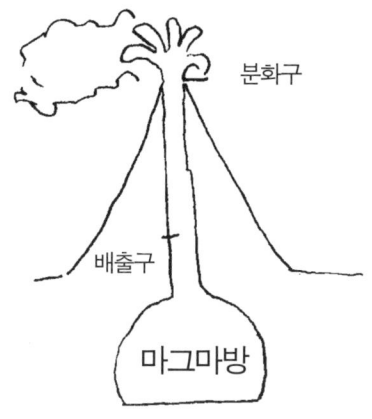

때때로 녹은 바위 즉 용암이 화산에서 조금씩 뿜어져나온다.

지구는 24시간마다 축을 중심으로 한바퀴 돈다. 물론 이 때문에 아까 해가 시야에서 사라진 것이다. 태양이 움직이는 것이 아니라 지구가 도는 것이다.

또 하나의 커다란 바위덩어리인 달은 한 달에 한 번 지구 둘레를 돈다. 그리고 지구는 일 년에 한 번 태양 주위를 돈다.

저기 두 개의 밝은 점, 금성과 목성 역시 행성이다. 우리 태양계에는 9개의 행성이

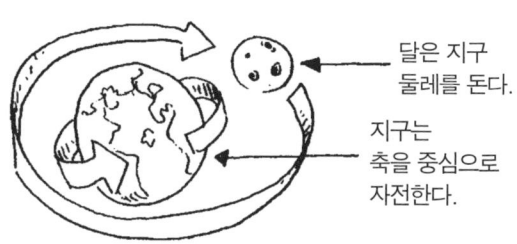

달은 지구 둘레를 돈다.

지구는 축을 중심으로 자전한다.

있고 모두가 태양 주위를 천천히 돌고 있다.

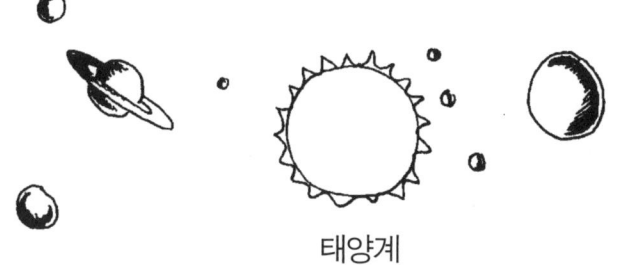

태양계

우리 태양은 내 머리 위에 떠 있는 수천 개의 다른 별들과 같은 항성(恒星)이다. 물론 다른 항성들은 훨씬 멀리 떨어져 있다. 빛이 태양에서 여기까지 오는 데는 8분밖에 걸리지 않지만 다른 별에서 여기까지 오려면 몇십 년, 몇백 년, 때로는 몇천 년 걸린다.

내 머리 위에 흩어져 있는 저 별들은 별의 거대한 소용돌이인 '은하계(galaxy)'의 일부이다. 우리 지구가 속한 은하계는 '우리 은하'라고 한다.

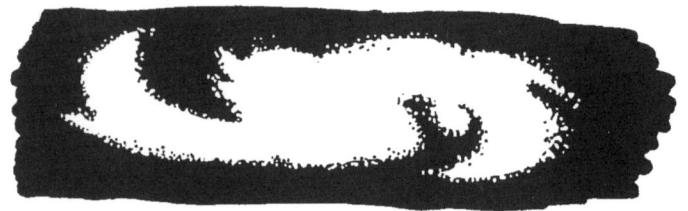

우리 은하는 우주에서 알려진 수천 개의 은하 중 하나일 뿐이다.

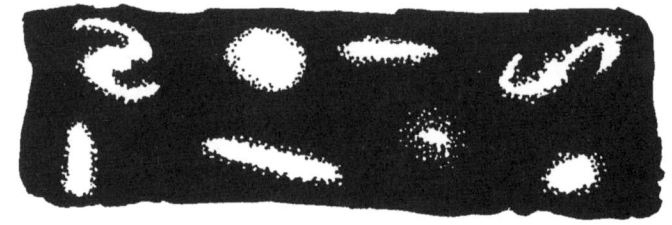

이 광대한 우주에 비하면 지구라는 행성은 상상할 수 없을 만큼 작고 하찮아 보인다.

우주는 어디에서 생겨났을까?

우주를 쳐다보고 있으면 종종 이런 질문을 하게 된다. 이 모든 바윗덩어리와 먼지, 공간은 어떻게 여기 있게 되었을까? 그 모든 것은 어디서 나왔을까? 그걸 존재하게 한 것은 무엇일까?

과학자들은 이 질문에 이렇게 답한다. 우주는 거대한 폭발과 함께 시작되었다고. 그들은 이 폭발을 '빅 뱅(Big Bang)'이라고 부른다.

빅 뱅

빅 뱅은 아주 오래 전, 100억 년에서 200억 년쯤 전에 있었다. 빅 뱅은 우주에 있는 모든 물질이 생겨난 근원이다. 우주의 시작이었다. 사실 빅 뱅은 시간 자체의 시작이었다.

그러나 과학자들이 그렇게 말해줘도 나한테는 별 도움이 되지 않는다. 그 대답엔 뭔가 아직도 설명이 필요하다는 느낌을 지울 수 없다. 왜냐하면 다시 이런 의문이 생기기 때문이다. 빅 뱅을 있게 한 건 무엇일까? 가만히 있을 것이지, 왜 빅 뱅이 있었을까? 그건 분명 커다란 수수께끼, 아니 가장 큰 수수께끼일 것이다.

삶의 의미

한참 뒤, 머리 위로 펼쳐진 우주를 쳐다보던 나는 아래쪽 풀밭으로 눈을 돌린다.

풀잎 사이 어둠 속에는 작은 곤충들이 기어다니고 있다. 대부분 개미들이다. 개미들은 무척 바쁜 것 같다. 좀더 자세히 들여다보니 개미들이 나뭇잎 하나를 끌고 간다.

개미들은 이 나뭇잎을 땅 속의 구멍으로 끌고 가려는 모양이다. 그 구멍은 개미집 입구겠지. 그 이파리는 구멍에 꼭 맞는 크기이다. 개미들은 안간힘을 쓰지만 나뭇잎을 구멍 속으로 밀어 넣지는 못한다. 그 나뭇잎이 그들한테 왜 그렇게 중요한지 궁금해진다.

나는 마음만 먹으면 그 개미들을 모두 짓밟아버릴 수도 있다. 결국 그러지 않기로 한다. 하지만 내가 그런다고 해서 뭐가 달라질까 하는 생각이 든다. 개미들의 안쓰러운 움직임, 바삐 돌아다니고 나뭇잎을 구멍에 밀어 넣으려고 애쓰는 것들을 보라. 모두가 부질없어 보인다. 너무 무의미하다. 내가 발로 짓눌러서 그 개미들을 죽인다고 해서 정말 문제가 될까?

우주에서는 지구도 거대한 개미집처럼 보이겠지.

거기서 우리는 개미처럼 바삐 움직이고 있다. 우리는 거기서 태어나고 자란다. 슈퍼마켓에 가고 일하러 간다. 거기서 TV를 본다. 거기서 아이를 낳고 죽는다. 우리 아이들은 또 아이를 낳고 그 아이들이 다시 아이를 낳는다. 세대를 이어 끊임없이 반복된다. 그 주기는 계속해서 이어진다. 하지만 우리의 짧은 인생 나들이 뒤에는 어떤 의미가 있을까? 이 광대한 우주의 어느 작은 행성에서 한순간 의식을 가지고 산다는 게 뭐가 중요하단 말인가? 무슨 의미가 있기는 한 걸까?

신

별빛 아래 앉아 있는 동안 우주의 존재에 관해 의문이 생겼다. 왜 우주가 있는 걸까? 빅 뱅을 있게 한 것은 무엇일까? 가만히 있을 것이지, 왜 빅 뱅이 있었을까? 또 삶의 의미에 대해서도 궁금해진다. 우리가 존재한다는 것의 의미는 무엇일까?

무엇이 우주를 존재하게 했느냐는 질문에는 많은 사람들이 이렇게 답할 것이다. 신이 그랬다고. 신이 우주를 창조했다, 신이 빅 뱅을 일어나게 했다고.

또한 많은 사람들이 우리 존재에 의미를 주는 것은 신이라고 믿는다. 이들은 우리가 여기 존재하는 것에는 의미가 있다고 믿는다. 우리에게는 목적이 있다. 성스러운 목적이. 그 목적은 신을 사랑하고 신에게 순종하는 것이다.

신은 무엇일까?

만약 신이 우주를 창조했다면, 신이 우리에게 삶의 의미를 준다면 '그'는 어떤 존재일까? 어떤 사람들은 신을 이렇게 상상한다.

물론 이게 맞을 리는 없다. 사실 신은 수염이 긴 할아버지는 아니다. 진짜 구름 위에 앉아 있지도 않다. 여러분이 날아 올라 하늘에 떠 있는 구름을 죄다 뒤져본다고 해도 구름 위에 앉아 있는 할아버지는 못 찾을 것이다. 이것은 종교를 믿는 사람들이 신을 쉽게 떠올리는 데 도움을 주려고 사용하는 표상일 뿐이다.

사실 나는 신을 '그'라고 말하긴 했지만 요즘엔 신이 남자라고 생각하지 않는 사람들도 많다.

그렇다면 신이 구름 위에 앉은 할아버지가 아니라면, 그는 어떤 존재일까? 크리스트교, 유대교, 이슬람교를 비롯한 많은 종교에 따르면 신은 적어도 다음 세 가지 특성을 지닌다.

우선 신은 전능하다. 이 말은 신이 뭐든지 할 수 있다는 뜻이다. 그는 우주를 창조했다. 그리고 마음만 먹으면 다시 우주를 파괴할 수도 있다. 신은 생명을 다시 죽게 만들 수 있고 물을 바람으로 바꿀 수 있으며 눈 깜짝할 사이에 여러분을 달에 보낼 수도 있다.

두 번째로 신은 전지하다. 신은 알아야 할 것은 뭐든지 안다. 지금까지 일어난 모든 일들, 벌어질 일들까지 다 안다. 신은 우리의 생각을 알고 우리의 비밀을 안다. 하다 못해 어젯밤 아래층 냉장고에 있던 마지막 크림 케이크를 몰래 먹어치운 사람이 나라는 것까지 안다.

신에게 감출 수 있는 건 절대 없다.

세 번째로 신은 선함 자체이다. 신은 우리를 사랑하며 절대 나쁜 짓은 하지 않을 것이다.

왜 신을 믿을까?

많은 종교인들이 신의 존재를 믿는다. 이들은 아무 이유 없이 신의 존재를 믿는다. 그냥 믿는 것이다.

그러나 우리 철학자들은 신의 존재를 믿을 근거가 있는지에 관심을 가진다. 신의 존재를 암시하는 어떤 증거가 있는 걸까? 신의 존재를 논증으로 보여줄 수 있을까? 아니면 신이 존재하지 않는다고 생각할 어떤 근거가 있을까? 이것이 우리가 여기서 살펴보려고 하는 질문들이다.

보브와 코버가 오다

나는 풀밭에 누워 하늘을 쳐다본다. 얼마 후 멀리서 두 사람의 목소리가 들린다. 그들의 목소리가 점점 가까워진다. 마침내 나는 두 사람을 알아본다. 저녁 산책을 나온 보브와 코버다(코버는 알지? 저번 장에 등장했던 대학생으로 과학을 공부하고 있다).

보브는 축구선수다. 그는 이번 주말에 코버네 집에 머물고 있다. 두 사람은 공원에서 공을 차고 있었다.

몇 분 후 두 사람이 동산 꼭대기에 올라온다. 우리는 인사를 나누고 풀밭에 앉았다.

나는 보브와 코버한테 신과 빅 뱅, 삶의 의미에 관해 생각하고 있었다고 얘기했다.

그들은 감탄했다! 보브는 신을 믿는다고 한다. 반면 코버는 신을 믿지 않는다고 한다.

보브와 코버는 사이좋은 친구다. 그들은 철학적 논쟁을 벌이는 걸 무엇보다 좋아한다. 그래서 두 사람은 신이 존재하느냐 아니냐를 두고 금세 열띤 논쟁에 빠져들었다. 그 논쟁은 이렇게 시작되었다….

보브 : 솔직히 이건 너도 인정할걸. 지구상의 수많은 사람들이 신을 믿고 있어. 수천만 명의 사람들이 믿는데 거기엔 분명 '뭔가' 있지 않겠어?

코버 : 그건 말이 안 돼. 옛날엔 많은 사람들이 지구는 평평하고 태양이 지구 둘레를 돈다고 믿었어. 그런데 그 점에 대해선 완전히 틀렸잖아?

보브 : 그렇긴 해. 그건 사람들이 틀렸지.

코버 : 알겠지만 다수가 틀릴 수도 있어. 많은 사람들이, 대부분의 사람들이 신을 믿는다고 해서 신의 존재가 증명되는 건 아니라고.

보브 : 좋아. 다수가 틀릴 수도 있다는 건 사실이야. 하지만 그들이 옳을 가능성도 있는 거잖아?

코버 : 아니. 믿을만한 근거가 없는 이상 가능성은 없다고 봐야지. 물론 사람들이 믿는 이유가 있다고 해서 꼭 믿을 근거가 있는 것도 아니지. 때로는 다른 이유도 있을 수 있어.

보브 : 어떤 이유?

코버 : 신을 믿는 사람 중 많은 이들이 그냥 믿도록 키워지잖아. 사실 신에 대한 믿음은 아주 어릴 때부터 뼛속까지 주입되는 경우가 많아.

그것이 그들이 믿는 이유인 거야.

보브 : 난 그런 이유로 신을 믿는 건 아니야. 난 주일 학교엔 가본 적이 없어. 게다가 우리 부모님도 신을 믿지 않고.

코버 : 그리고 신이 존재한다고 믿을 근거가 있어서가 아니라 그 저 신이 존재한다고 믿고 싶으니까 믿는 사람도 많아. 신을 믿는 게 좋으니까, 믿으면 편안해지니까 말이야.

보브 : 왜 편안해지는데?

코버 : 글쎄, 우주에 우리 혼자뿐이라는 생각이나 우리 존재에 궁극적인 의미나 목적이 없다는 생각이 두려워서겠지. 우리가 죽 으면 영원히 끝이라는 생각은 사실 무섭잖아. 하지만 사랑에 충만 해서 우리를 굽어보고, 우리 삶에 뭔가 의미를 주는 신이 있다고 믿 으면 훨씬 기분이 좋아지지. 우리가 죽어도 거기서 존재가 끝나는 게 아니라 계속된다고 믿으면 훨씬 더 안심이 돼. 하지만 신을 믿는 게 좋고 위안이 된다는 사실이 정말로 신이 존재한다고 믿을 근거 가 되지는 않아. 안 그래?

코버의 말이 전적으로 옳은 걸까? 어떤 점에서는 신을 믿는 것이 오히려 삶을 덜 편안하게 할 수도 있다. 이를테면 신을 믿는 사람들

215

은 최후의 심판이나 천국과 지옥을 믿기도 한다. 그들은 죽은 뒤에 신의 심판을 받고 그들이 저지른 나쁜 짓에 대한 벌로 지옥에 보내질 수도 있다고 믿는다.

그건 별로 편안한 생각이 못 된다. 그렇지?

그러나 신의 존재를 믿는 사람들 대부분은 신의 존재가 사실이기를 바라는 것으로 보인다. 그들은 그 믿음에서 아주 굉장한 위안을 얻는 것 같다. 그럼 코버가 옳은 걸까? 대부분의 사람들이 신을 믿는 건 다만 믿고 싶어서, 또는 신을 믿도록 키워졌기 때문일까? 아니면 신이 존재한다고 생각할 어떤 근거가 있는 걸까? 여러분 생각은?

보브의 빅 뱅 논증

우리 셋은 몇 분 동안 말없이 누워 있었다. 바람이 언덕 밑의 나무를 스치며 내는 소리가 들려온다.

갑자기 휘익 하는 소리가 나더니 귀청이 찢어질 듯한 폭발음이 들렸다. 폭죽이었다. 폭죽은 북쪽 하늘에 수천 개의 은빛 불똥을 뿌렸다. 우리는 그 불똥이 소용돌이 모양으로 내려오는 걸 지켜보았다.

216

보브 : 코버. 내가 신을 믿는 건 단지 믿는 게 좋아서가 아니야. 사실 난 요정이 존재한다고 믿고 싶지만 그러진 않아. 그 존재를 믿을 근거가 없기 때문이지. 요정이 존재한다는 증거는 어디에도 없어. 하지만 신이 존재한다는 증거는 있다구. 그래서 내가 신을 믿는 거야.

코버 : 무슨 말이야? 신이 존재한다는 증거가 어디 있어?

보브 : 아까 스티븐이 빅 뱅 얘기를 했잖아. 과학자들은 저 위에 펼쳐진 우주가 거대한 폭발, 그러니까 빅 뱅으로 시작되었다고 믿는다며?

코버 : 그래.

보브 : 그럼 이런 의문이 생겨. 무엇이 빅 뱅을 일으켰을까? 가만히 있지, 왜 뻥하고 폭발했느냐는 거야.

코버 : 나도 몰라. 그건 수수께끼지.

보브 : 그래, 커다란 수수께끼야. 어쨌든 모든 것에는 원인이 있어. 맞지? 일은 그냥 벌어지지 않아. 아까 저기서 터진 폭죽을 봐. 그 폭발은 그냥 일어난 게 아니잖아? 분명 원인이 있어. 누군가 퓨즈에 불을 붙였겠지. 그렇지?

코버 : 그렇겠지.

보브 : 그렇다면 빅 뱅에도 그건 똑같이 적용돼. 빅 뱅에도 역시 원인이 있을 거라구. 만약 신이 존재한다면 무엇

이 빅 뱅을 일으켰는지 수수께끼가 풀리겠지. 바로 그래서 신이 존재한다는 생각이 합리적인 거야. 빅 뱅이 왜 일어났는지 신이 설명해주거든. 신이 퓨즈에 불을 붙인 거야!

보브의 빅 뱅 논증은 믿을 만한가?

나는 신이 존재한다는 사람들의 마음 한 구석에는 보브의 빅 뱅 논증 비슷한 것이 있지 않나 하는 생각을 자주 한다. 실제로 똑같은 식의 논증을 지난 수백 년 동안의 많은 철학자 및 종교사상가들의 저서에서 얼마든지 찾을 수 있다.

얼핏 생각하면 보브의 빅 뱅 논증은 매우 설득력이 있어 보인다. 그런데 정말 괜찮은 논증일까? 보브의 논증이 정말로 신이 존재한다고 믿을 만한 상당한 근거를 제시할까?

코버는 그렇게 생각하지 않았다.

코버 : 네 논증은 별로야. 너는 신이 존재한다고 믿을 어떤 근거도 제시하지 못했어.

보브 : 왜?

코버 : 네 주장대로라면 한마디로 이거잖아. 모든 것에는 원인이 있다. 그러므로 우주에도 원인이 있다. 그러므로 신은 우주의 원인으로서 존재해야 한다. 맞지?

보브 : 그래, 맞아.

코버 : 그럼 모든 것에 원인이 있다면 신의 원인은 뭐지? 무엇이 신을 존재하게 했냐고?

보브 : 좋은 질문이야. 그건 수수께끼지.

코버 : 그럼 넌 하나의 수수께끼를 다른 수수께끼로 대체한 것에 불과해. 안 그래?

보브 : 그게 무슨 말이야?

코버 : 우린 아직도 수수께끼에 매여 있다구. 그렇잖아? 처음에 우린 무엇이 우주를 생기게 했을까 하는 질문에서 시작했어.

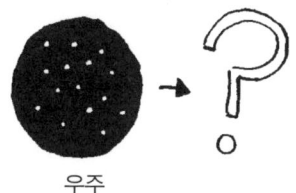

우주

과학자들이 그 답을 제시했지. 빅 뱅이라고. 그 다음에 수수께끼가 생겼잖아. 빅 뱅을 일으킨 것이 무엇일까 하는 수수께끼 말이야.

넌 지금 신이 빅 뱅을 일으켰다고 함으로써 이 수수께끼를 없애려고 했어. 그런데 우린 무엇이 신을 생기게 했을까 하는 또 다른 수수께끼에 부딪쳤잖아.

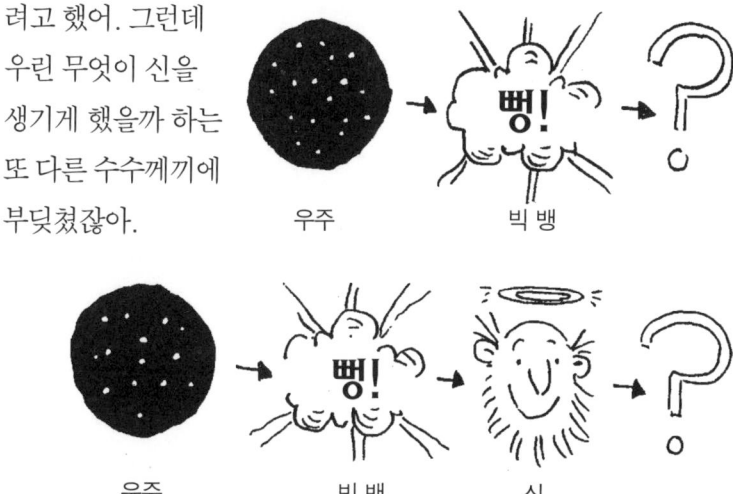

우주　　　　빅 뱅

우주　　　　빅 뱅　　　　신

보라구, 수수께끼는 아직도 남아 있어.

코버가 옳다. 보브는 신의 존재가 빅 뱅이 왜 생겼을까 하는 수수께끼를 풀어주기 때문에 신의 존재를 믿는 것이 합리적이라고 했다. 문제는 보브가 하나의 수수께끼를 풀면서 다른 수수께끼를 끌어들였다는 것이다. 그러나 보브는 쉽게 포기하지 않았다.

보브 : 좋아. 신은 원인이 없는 존재라고 해 봐. 신은 원인이 필요한 그런 게 아니라고 말이야. 신에게 원인이 필요하지 않다면 어떤 수수께끼도 남지 않아.

코버 : 하지만 네 말은 모순이야! 처음에 너는 모든 것에는 원인이 있다는 가정으로 논증을 시작했어. 그런데 지금 와서는 모든 것에 원인이 있는 건 아니라고 하잖아. 신한테는 없다고 말이야.

보브 : 하지만 내가 모든 것에 원인이 있다고 했을 땐 진짜 모든 걸 말한 게 아니었어. 신을 제외한 모든 것이었지.

코버 : 그럼 모든 것에 원인이 있다는 법칙에는 신이라는 예외가 있다는 거네.

보브 : 그래. 신은 그 법칙에서 예외야.

코버 : 그 법칙에 예외가 있어야 한다면 그냥 우주를 예외로 하지 그래? 우주의 시초에 신을 더하면서 별도의 원인을 만들 이유가 어디 있어? 너는 아무런 이유도 대지 못했어. 결국 신의 존재를 믿을 어떤 근거도 대지 못한 거야.

보브 : 듣고 보니 네 말이 맞다.

코버 : 이봐, 보브. 우주의 근원에 대해 수수께끼가 있다는 건 인정해. 태초에 뭐가 있었는가 하는 건 사실 커다란 수수께끼야. 다만 난 이 수수께끼가 신이 존재한다고 생각할 근거가 된다는 걸 부정하는 거야.

보브의 우주 시계공 논증

보브는 일어나 앉았다. 그는 손목시계를 만지작거렸다. 빅 뱅 논증이 전혀 효과가 없어서 기분이 상한 모양이었다. 몇 분이 지난 후 보브는 다시 신의 존재를 납득시키기에 나섰다. 그가 시계를 풀어 코버 앞에 던졌다.

보브 : 좋아, 코버. 좀더 그럴싸한 논증을 해 보이겠어. 이 시계를 봐. 네가 어느 외딴 섬의 한적한 바닷가를 걷고 있다고 해보자. 넌 우연히 이것과 똑같은 시계를 발견하게 됐어. 바닷가 모래밭에 시계가 있었어.

넌 웬 시계가 여기 있나 할 거야. 두 가지로 가정해볼 수 있어. 첫 번째 가정은 그 시계가 설계되었다는 거지. 그건 일종의 도구야. 지능을 갖춘 존재인 시계공이 특별한 목적으로 만든 도구. 사람들한테 시간을 알린다는 목적이 있지. 두 번째 가정은 그 시계가 파도와 바람 등 자연의 힘으로 만들어졌다는 거야. 자연의 힘이 시계를 만들어냈어. 설계자의 도움 같은 건 없었지. 이 두 가지 가정 중에 좀더 그럴 듯한 게 뭘까?

코버 : 두말 할 것 없이 첫 번째 가정이 훨씬 더 사실에 가깝지.

보브 : 맞아. 시계는 자갈과는 달라. 자갈은 지능적인 존재의 도움 없이도 만들어지지. 자갈이야말로 바람과 파도 같은 자연의 힘

으로 만들어져. 그러나 시계를 그런
식으로 만든다는 건 거의 불가능해.
안 그래?

코버 : 그래.

보브 : 사실 시계에는 분명 목적
이 있어. 시간을 말해주는 것. 그럼
그 목적으로 시계를 설계한 지능적인 존재가 있을 거라는 생각이
합리적이지 않겠어? 분명 그 시계를 만든 설계자, 시계공이 있을
거라고.

코버 : 내 생각도 그래.

보브 : 이번엔 내 눈을 봐.

눈은 아주 복잡한 거야. 시계든 뭐든 인간이 만들 수 있는 그 어
떤 것보다 훨씬 더 복잡해. 시계처럼 눈에도 목적이 있어. 생물들에
게 사물을 볼 수 있게 하는 것 말이야. 눈은 그 일을 아주 잘 해내고
있어. 안 그래?

코버 : 그래. 눈은 정말 놀라운 공학 작품이야.

보브 : 그럼 이렇게 물어보자. 눈이 어떻게 생겨났을까? 눈은 우
연히 생겨난 걸까, 아니면 설계된 걸까? 어떻게 생각해? 눈에 목적
이 있다고, 아주 꼭 맞는 목적이 있다고 한다면 분명 설계자가 있을
거라고. 아니 있어야 해. 우주의 시계공이랄까, 눈을 설계한 존재
말이야. 그 설계자가 신이지.

보브의 우주 시계공 논증에 문제는 없을까?

여러분은 보브의 '우주 시계공 논증'을 어떻게 생각하는지? 빅뱅 논증과 마찬가지로 이 논증 역시 수백 년 동안 다양한 형태로 철학자 및 종교사상가들 사이에 제기되어왔다. 그러나 이 논증에도 문제가 있다.

우주 시계공 논증의 문제점은 오늘날 우리가 '자연선택(natural selection)'에 관해 잘 알고 있다는 사실이다. 자연선택은 설계자의 존재를 가정하지 않고도 눈이 어떻게 생겨났는지를 설명해준다.

자연선택

이제 자연선택을 설명하기로 하자. 사람이 배나 비행기, 건물 같은 복잡한 것을 만들 때에는 보통 설계도를 먼저 만든다. 이 설계도를 '청사진'이라고 한다. 청사진은 배나 비행기를 어떻게 조립할지를 정확히 나타낸 그림이다.

그런데 모든 생물에도 일종의 청사진이 들어 있다. 생물의 청사진은 DNA라고 한다.

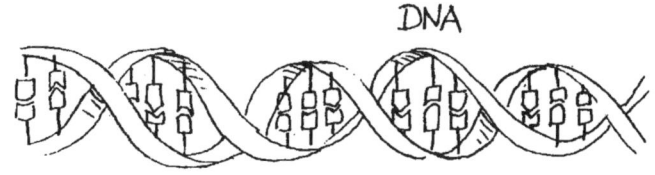

DNA

223

DNA는 분자로 된 기다란 가닥이다. 이런 가닥은 생물체의 모든 세포에서 볼 수 있다. 이 가닥에는 그런 종류의 생물을 만드는 청사진이 들어 있다. 식물이나 동물이 재생산될 때 거기 필요한 청사진을 제공하는 것이 부모 식물이나 동물에서 전해진 DNA이다.

새로 탄생하는 생물체의 DNA 가닥은 부모 한쪽이나 양쪽 모두의 DNA 가닥 일부를 복제해서 만들어진다. 그러나 이 복제 과정에서 작은 실수가 끼여들기도 한다.

청사진에 생긴 이 작은 변화 때문에 자식 생물체가 부모 한쪽이나 양쪽과는 약간 다르게 태어날 수 있다. 생물체가 약간 변화하는 것이다. 이런 변화를 '돌연변이'라고 한다. 돌연변이는 아주 우연하게 일어난다.

예를 들어볼까? 바다 속에 사는 단순한 생물이 돌연변이를 일으켜 빛을 감지하는 감광세포 하나가 피부에 생겼다.

그런데 이 세포는 그 생물한테 아주 유용하다. 덕분에 바다 속으로 얼마나 깊이 들어왔는지 알 수 있으니까(바다 속에선 깊이 들어갈수록 어두워진다). 이런 환경에서 그 돌연변이를 지닌 녀석은 같은 종류의 다른 생물들보다 약간 더 유리해진다.

이 생물의 다른 한 녀석은 돌연변이로 피부색이 밝아졌다. 그 환경에서 이 돌연변이는 아주 불리하다. 녀석을 잡아먹으려는 다른 생물의 눈에 잘 띄게 되니까.

　물론 생존에 유리한 돌연변이를 일으킨 녀석이 생존에 불리한 돌연변이를 일으킨 녀석보다 짝짓기와 재생산에 성공할 가능성이 훨씬 높다. 그러므로 다음 세대에는 빛을 감지하는 세포를 가진 생물이 나올 확률이 많아지는 반면, 밝은 피부색 생물이 나올 확률은 적어진다. 그런 환경에서 생존하고 재생산하는 데 도움이 되는 돌연변이는 후대로 전해지고 거꾸로 생존을 가망없이 만드는 돌연변이는 사라지는 수가 많다.

　수많은 세대를 거치며 더 많은 돌연변이가 더해지면서 이 생물은 서서히 변해간다. 점차 '진화'하는 것이다. 이들은 환경에 적응해간다. 이 과정이 자연선택이다.

　혹시 화석을 본 적이 있는지? 몇백만 년 전에 살던 생물들의 형태를 간직한 돌덩어리들 말이다. 화석을 보면 내가 말한 그런 식의 변화를 볼 수 있다. 예를 들어 처음 새가 생기게 된 것은 특정 종류의 공룡에서 진화했기 때문으로 보인다.

　인간은 우리 자신의 진화 계통도까지도 추적해냈다. 우리는 인간의 조상이 유인원의 조상과 같다는 걸 알고 있다. 우리가 유인원과 비슷하게 생긴 건 절대 우연이 아니다.

그렇다면 눈은 어떻게 생겨났을까? 눈은 느닷없이 그냥 생겨난 게 아니다. 수백, 수천만 년을 거치며 진화했다. 생물이 생존하고 재생산하는 데 큰 도움이 되기 때문에 진화한 것이다. 그 과정의 출발점은 아마 바다 속에 살던 어느 단순한 유기체의 감광세포였을 것이다. 여러 세대를 거치면서 점점 더 많은 감광세포가 덧붙여졌다. 이런 식으로 서서히 눈이 진화하기 시작했고 마침내 우리가 오늘날 주변에서 보는 그런 눈이 된 것이다.

결국 보브의 우주 시계공 이론이 지닌 문제점은 이것이다. 우리가 자연선택을 알기 전에는 눈이, 그리고 생물이 어떻게 이 지구에 존재하게 되었는지를 설명하기가 어려웠다. 사람들은 자연 과정이 복잡한 생물들을 만들어낼 수 있다는 사실을 몰랐다. 그 때문에 많은 사람들은 초자연적인 존재, 즉 신이 생물을 만들었다고 추측했다. 그러나 우리가 진화와 자연선택을 아는 지금, 신의 존재를 믿게 할 이 특별한 이유는 없어졌다.

물론 우리는 지구에서 생명이 어떻게 발달했는지, 그 이야기 전부를 알지는 못한다. 나는 다만 눈이 어떻게 진화했는지를 추측하는 것뿐이다. 중요한 것은 우리가 지구에서 보는 온갖 생명들의 존재는 신을 전혀 얘기하지 않고도, 자연적 용어만으로도 거의 설명이 가능하다는 사실이다.

믿기 합당한 것은 무엇인가?

코버는 보브에게 자연선택을 설명했다. 그의 설명을 들은 보브는 눈이 신의 존재에 대한 증거가 되지 못하는 것 같다고 인정했다.

그 때쯤 나는 몹시 배가 고팠다. 보브와 코버도 마찬가지였다. 그래서 우리 셋은 내 단골 인도 식당에 가서 카레를 먹기로 했다. 우리는 일어서서 먼지를 털고는 동산을 내려왔다. 길에 깔린 자갈들이 발 밑에서 자박거렸다. 달이 우리 앞에다 기다란 그림자를 드리우며 길을 비춰주었다.

동산을 내려오면서 코버는 보브한테 신의 존재를 증명할 그럴듯한 논증은 없을 거라고 말했다. 신의 존재에 대한 증거가 없다는 것이다. 사실 신이 존재한다고 추정할 증거는 거의 없는 거나 마찬가지다.

보브는 헤딩으로 축구공을 몇 번 공중에 띄웠다. 그러더니 신이 존재한다고 추정할 그럴 듯한 근거는 없다 해도, 그렇다고 해서 신이 존재하지 않는다는 게 되는 건 아니라고 정확하게 지적했다. 코버는 그의 말에 동의했다.

보브 : 그렇다면 신이 존재하느냐 않느냐 하는 문제에 중립을 지켜야 하지 않을까? 내 말은 우리가 신의 존재를 증명할 수 없고 그렇다고 신이 없다는 걸 증명할 수도 없으니까 중립을 지키는 게 가장 합리적인 관점이 아니냐고.

코버 : 내 생각은 달라. 만약 신의 존재를 추정할 근거가 없다면 신이 존재하지 않는다고 믿는 게 합리적이라고 생각해.

또 한번 하늘에서 폭죽이 터졌다. 우리는 잠시 서서 산산이 흩뿌려지는 빨간 불똥을 지켜보았다.

보브 : 왜 그렇지? 우주 다른 곳에 생명이 있을까 하는 문제를 생각해봐. 지금 당장은 우주에 생명이 있다고 확실히 증명할 수는 없지만 그렇다고 생명이 없다고 증명할 수도 없어. 그 경우 가장 합리적인 태도는 중립을 지키는 거지.

코버 : 그건 그래. 우주에 생명이 있는지에 관해선 중립을 지켜야겠지. 하지만 신이 존재하느냐 않느냐는 다른 문제야.

보브 : 왜?

코버 : 신이 있다고 추정할 근거는 있다고 해도 몇 안 되지만 외계 생명이 있을 거라는 증거는 꽤 많으니까.

보브 : 어떤 증거? 아직까지는 다른 행성에서 생명체를 찾지 못했잖아.

코버 : 맞아. 하지만 우리는 지구에서 생명이 진화했다는 걸 알잖아. 또 우주에 수없이 많은 행성이 있고, 우리 지구와 아주 비슷한 행성이 많다는 것도 알아. 이 경우 그 많은 행성 중 적어도 한 곳에서 생명이 진화한다는 게 불가능한 일은 아니지. 결국 우주에 생명이 존재한다는 상당한 증거가 있는 거야. 다만 우리한테 결정적

228

인 증거가 없을 뿐이지. 반면에 신이 존재한다고 추정할 증거는 없는 거나 다름없어.

외계의 생명체들

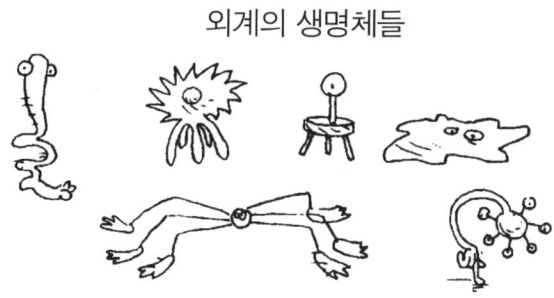

보브는 어깨를 으쓱했다. 납득이 안 가는 모양이었다. 그러자 코버가 말을 이었다.

코버 : 자, 요정을 믿는 것과 비교해 봐. 요정이 존재한다고 추정할 근거는 없는 거나 다름없어. 그렇다면 중립을 지키는 것보다는 요정이 없다고 믿는 편이 훨씬 더 합리적이지. 안 그래?

보브 : 그건 맞아. 나도 요정은 존재하지 않는다고 믿어. 요정을 믿는 건 유치하지.

코버 : 그렇다면 신도 똑같아. 신이 존재한다고 믿  을 근거가 별로 없거나 아예 없다면 신이 존재하지 않는다고 믿는 게 합리적이야. 요정을 믿는 거나 신을 믿는 거나 어리석은 건 마찬가지 아냐?

보브는 코버가 신을 믿는 것을 요정을 믿는 것과 비교한 데 대해 무척 기분이 상했다. 코버가 조금 심하긴 했다. 어쨌거나 아주 똑똑한 사람들도 많이들 신을 믿으니까. 그리고 신을 믿는 게 천박하다

229

거나 시시하다는 뜻에서 어리석다는 건 절대 아니다. 신을 믿으면 삶이 바뀌는 엄청난 결과를 낳기도 한다.

그러나 의문은 아직 남아 있다. 요정을 믿을 근거보다 신을 믿을 근거가 더 많기는 한 걸까? 코버의 말대로라면 그렇지는 않다. 그렇다면 신의 존재 유무에 대해 중립을 지키는 것보다 신이 없다고 믿는 게 더 합리적이지 않을까? 여러분 생각은?

고통의 문제

언덕 아래쪽으로 내려오자 우리 앞으로 커다란 그림자가 보이기 시작했다. 병원이었다. 병원의 많은 창에는 불이 켜져 있었다. 몇몇 창으로는 사람들이 움직이는 게 보였다. 우리는 가까운 한 창가에서 어떤 여자를 보게 되었다. 그 여자는 울고 있는지, 슬픈 표정이었다.

그 병원을 지나가면서 코버는 신이 없다고 추정할 좋은 증거가 있다면서 그 이유를 설명했다.

코버 : 보브, 신이 존재한다고 추정할 근거가 없다면 신이 없다고 보는 게 타당해. 하지만 어느 경우든 너하고 난 뭔가를 빠뜨리고 있어. 너는 신이 없다고 볼 근거도 없다고 계속 주장하는데 사실 근거는 있어.

보브 : 무슨 말이야? 신이 존재하지 않는다는 증거가 어디 있어?

코버는 걸음을 멈추고 병원을 가리켰다.

코버 : 저게 내 증거야. 신은 적어도 세 가지 성격을 지니고 있다지? 전지, 전능하고 선한 존재 아냐?

보브 : 맞아.

코버 : 그런데 세상에는 엄청난 아픔과 고통이 있어. 사람들은 무서운 질병에 걸리고. 지금 저 병원의 많은 사람들은 끔찍하고 괴로운 질병에 시달리고 있어. 또 전쟁도 일어나지. 굶주림, 지진도 있어. 네가 보기에도 이 세상은 여러 모로 진짜  살기 좋은 곳은 아닐 거야. 분명히 훨씬 더 나을 수 있을 거라구.

보브 : 사실이야. 좀더 나을 수 있겠지.

코버 : 문제는 그거야. 만약에 신이 세 가지 특성을 지녔다면, 진짜 전지전능하고 선하다면 이 세상에 왜 아픔과 고통이 있지? 왜 세상은 좀더 나은 곳이 아닐까?

보브 : 무슨 말인지 모르겠는데?

코버 : 그러니까 신이 전능하다면, 모든 걸 할 수 있다면 아픔과 고통을 그치게 할 수 있을 거야. 맞지?

보브 : 응. 신이라면 할 수 있지.

코버 : 사실 처음부터 이 세상을 아무런 아픔이나 고통이 없는

231

곳으로 만들 수도 있었겠지. 안 그래? 이를테면 사람들이 아픈 감각을 느끼지 못하게 만들 수도 있었을 거야. 질병이 없는 세상을 만들 수도 있었고. 훨씬 더 살기 좋은 세상을 만들 수 있었을 거야. 아니면 지구를 천국 같은 곳으로 만들 수도 있었을 거라구. 하지만 그러지 않았어. 왜 그랬을까?

보브 : 글쎄. 아마 이렇게 될 줄 몰랐겠지.

코버 : 아니, 알았을 거야. 신은 전지하니까. 신은 모든 걸, 앞으로 뭐가 어떻게 될지도 다 알아. 그렇다면 신은 일부러 우리한테 고통을 준다는 얘기라구!

보브 : 하지만 신이 그럴 리 없어! 신은 선해. 절대 일부러 우리한테 고통을 주지는 않을 거야.

코버 : 거기에 문제가 있지. 신은 전능하지 않거나 전지하지 않거나 아니면 선하지 않아. 하지만 만약 신이 존재한다면 전지전능하고 선해야 해. 결국 신은 없다는 얘기라고!

이것은 아주 오랫동안 신을 믿는 사람들을 괴롭혀온 유명하고도 심각한 문제다. 종교사상가들은 오랜 세월 이 문제와 씨름해왔다. 이걸 '고통의 문제' 라고 하자. 이 문제가 해결될 수 있을까?

자유의지라는 답

우리 셋은 걸으면서 고통의 문제를 생각했다. 신을 믿는 일부 사람들은 이 세상의 아픔과 고통은 신의 잘못이 아니라 우리 탓이라고 주장함으로써 이 문제를 해결하려고 했다. 그 주장은 보브가 이제 제시하려는 바로 그것이었다.

보브 : 넌 잊은 게 있어. 신은 우리한테 자유의지를 주셨어.

코버 : 무슨 뜻이야?

보브 : 신은 어떤 행동을 할지 스스로 선택할 능력을 우리한테 주셨다는 거야. 자유의지가 없다면 우린 기계나 로봇과 다를 바 없지. 그저 시킨 대로만 하지 다른 건 못해. 하지만 우리는 그렇지 않은 행동을 선택할 수 있어. 예를 들면 우린 오늘 저녁 이 동산에 오르기로 했지. 하지만 그 대신 극장에 가는 걸 선택할 수도 있었다는 말이야.

코버 : 자유의지가 고통의 문제를 어떻게 해결하는데?

보브 : 불행히도 우리는 아픔과 고통을 부르는 행동을 선택하는 경우가 많다는 거야. 그 예가 전쟁을 일으키는 거지. 그렇다면 전쟁의 책임을 신이 질 수는 없는 거 아냐? 우리가 일으킨 전쟁으로 인한 고통은 우리 탓이지 신의 잘못이 아니야.

코버 : 그렇다면 신이 우리한테 자유의지를 주지 않는 편이 더 낫지 않았을까? 항상 옳은 일만 하도록 우리를 만들었더라면 더 좋았을 거야. 그럼 어떤 아픔이나 고통도 없었을 텐데. 전쟁도 아예 없었을 테고.

보브 : 아니지. 그렇게 되면 우린 꼭두각시나 로봇이게? 비록 가끔씩 고통을 부르는 행동을 하는 게 사실이지만 자유의지가 있는 편이 훨씬 나아.

자유의지 답의 문제점

고통의 문제에 대한 보브의 답을 '자유의지의 답'이라고 하자. 자유의지의 답은 매우 독창적이다.

그러나 여기엔 큰 문제가 있다. 코버가 지적하겠지만 이 답에서 가장 뚜렷한 문제는 이 세상의 아픔과 고통의 대부분은 우리 탓이 아닌 것 같다는 점이다.

코버 : 네 논증의 문제점은 이 세상의 고통이 전부 우리 탓은 아니라는 거야. 그래, 전쟁은 우리가 일으키지. 하지만 무서운 질병도 그럴까? 해마다 수백만 명씩을 아주 끔찍하게 죽이는 암 같은 질병은 어때? 그 병이 어떻게 우리 탓이지? 우리가 그 병을 일으킨 거야? 홍수를 봐도 그래.

홍수는 많은 사람들을 물에 빠뜨려 죽이지. 그게 어떻게 우리 잘못이란 말이야? 우리 탓일 수가 없어. 그렇다면 결국 신은 없다는 얘기지.

보브는 몇 분 동안 생각에 잠긴 채 축구공을 던져 올리고 있었다.

보브 : 질병이나 홍수는 우리 때문에 일어나는 건지도 몰라. 우리가 일으켰다는 걸 깨닫지 못할 뿐이지.
코버 : 그게 무슨 말이야?

보브 : 홍수가 일어난 건 간접적으로는 우리가 열대우림을 베어 내 기후를 크게 변화시켰기 때문이야. 그래서 폭우가 내리고 그게 홍수를 일으키는 거야.

코버 : 그럴 수도 있어. 하지만 세상의 모든 아픔과 고통이 어쨌 든 우리 때문이라고 보기는 힘들지 않을까? 우리가 어떻게 지진을 일으킨단 말이야? 우리가 정해진 방식으로 행동하기만 한다면 어 떤 아픔이나 고통도 없을 거라는 얘기는 확실히 믿기 힘들어.

보브 : 네 말이 맞는 것 같다. 신이 존재한다면 우리 고통에 어느 정도는 책임이 있을 것 같아.

고통은 신의 벌일까?

보브는 고통의 문제를 해결하기 위한 마지막 시도를 했다.

보브 : 어쩌면 신이 준 고통은 의도적으로 내린 벌일지도 몰라.

코버 : 뭐에 대한 벌?

보브 : 우리 죄에 대해서. 우리가 저지른 나쁜 짓에 대해서. 신은 선해. 우리를 사랑하고. 그러나 선하고 애정 많은 부모가 자식이 잘 못하면 가끔은 벌을 줘야 하는 것처럼 신도 때로는 우리를 벌해야 할 거야.

보브의 추측은 코버를 약간 화나게 만들었다.

235

코버 : 솔직히 그건 정말 터무니없는 억측이다!

보브 : 뭐가 터무니없어?

코버 : 야, 전혀 아무런 잘못도 저지를 수 없는 사람들한테 병이 생기는 경우도 있잖아. 이를테면 갓난아기들 말이야. 우리야 뭔가 잘못했다고 해도 아기들은 아무런 잘못이 없어. 안 그래?

보브 : 그건 그래.

코버 : 그럼 아기들을 벌하는 게 정당한 거야? 범죄는 어른이 저질렀는데 정작 판사는 그 아기들을 벌한다고 생각해 봐.

그건 공정하지 못한 거 아냐? 사실 아주 끔찍한 일이라구. 안 그래?

보브 : 그래.

코버 : 맞아. 그렇다면 어른이 저지른 잘못에 대해 신이 아기들을 벌한다는 것도 똑같이 끔찍한 일 아니냐고. 분명 선한 신은 그렇게 잔인하고 비열한 짓은 하지 않을 걸.

보브와 코버가 얘기하고 있는 것은 고통의 문제다. 여기서 문제는 신은 선하고 전지전능한데 왜 세상에는 그렇게 많은 고통이 있을까? 여러분도 알겠지만 신을 믿는 사람들에게 이건 아주 심각한 문제다. 보브는 이 문제를 아직 풀지 못하고 있다. 여러분은 더 좋은 해답을 생각할 수 있는지?

신앙

마침내 우리 셋은 식당에 도착해서 안으로 들어갔다.

이 때쯤 나는 무척 배가 고팠다. 그래서 일단 허기를 달래면서 무슨 카레를 시킬지 결정할 셈으로 포파덤(얄팍한 인도 빵) 큰 접시를 하나 주문했다. 보브는 포파덤을 질겅질겅 씹으면서 신을 믿는 것에 대해 아주 흥미로운 주장을 했다.

보브 : 좋아. 신이 존재한다는 증거는 거의 없는 거나 같다고 인정한다 치자. 신이 있다고 믿을 만한 어떤 근거도 없다고 말이야. 아니, 신이 없다고 믿을 만한 증거가 상당하다고 인정한다고 해. 그래도 그건 신에 대한 내 믿음과는 전혀 상관없어.

코버 : 왜?

보브 : 왜냐하면 신을 믿는다는 건 무슨 이성 때문에 믿는 게 아니거든. 이성은 그것과 아무 상관이 없어. 신을 믿는 건 신앙의 문제야. 그냥 믿어야 해. 많은 사람들이 신의 존재에 대해 믿음을 가지고 있어. 그리고 신앙은 있으면 좋은 아주 긍정적인 것이지. 어때?

보브의 말이 옳을까? 신의 존재에 대한 믿음은 있으면 좋은 것일까?

신앙이 때로는 위험할 수도 있다는 점을 기억할 필요가 있다. 이를테면 신앙이 사람들을 통제하는 데 이용될 수도 있다. 일단 사람들이 이성을 놓아버리면, 덮어놓고 믿기 시작하면, 사람들을 조종하기가 쉽다. 종교지도자가 비양심적이라면 단순하고 맹신적인 신앙의 허점을 이용해 자기 이익을 챙길 수 있다.

극단적인 예를 들면, 신앙은 또 사람들과의 의사소통을 어렵게 만든다. 더 이상 그들을 설득하거나 논쟁하기가 불가능해질 수도 있다. 만약에 극단적인 신앙을 가진 사람들이 어떤 끔찍한 일을 해야 한다는 의무감에 빠진다면(자기네와는 다른 종교적 믿음을 가진 사람들을 죽이는 따위) 그들이 어떤 잘못을 저지르는지 일깨우는 게 불가능할 수도 있다. 그들은 이성에 귀기울이려 하지 않을 것이다.

반면 신의 존재에 대한 믿음이 긍정적인 효과가 있다는 것도 분명한 사실이다. 많은 사람에게 도움이 될 수 있고 실제로도 도움이 된다. 만약 여러분이 선한 신의 존재를 믿는다면 여러분의 생활에 일어나는 나쁜 일에 대처하는 데 힘이 될 것이다.

이전

이후

또한 신의 존재에 대한 믿음이

238

일부 사람들의 생활을 더 낫게 변화시킨 것도 사실이다. 이기적이고 잔인했던 사람들이 인정 많고 고결한 사람으로 바뀐다.

종교적 믿음은 또 자기 삶을 바쳐 다른 사람을 구하는 길로 사람들을 이끌기도 한다(하지만 꼭 신을 믿는 사람들만 그처럼 고결하고 이타적인 행동을 하는 건 아니라는 사실을 명심하도록).

그러므로 신의 존재에 대해 믿음을 가진다는 건 좋은 점도 많다.

그건 결국 무슨 뜻일까?

종교적 믿음을 가진 사람들에게 삶은 의미 있는 것이다. 우리는 어떤 목적, 즉 신의 목적을 위해 여기 존재한다. 많은 사람들의 믿음에 따르면 그 목적은 신을 사랑하고 신에게 순종하는 것이다. 그러나 여러분이 신앙을 가지고 있지 않다면? 신의 존재를 안 믿는다면? 그렇다면 삶의 의미에 관해 뭐라고 말할까? 신이 없다면 삶은 무의미한 것일까?

만약에 신이 없다면 삶에 의미를 부여하는 것은 어쩌면 우리의 몫이다. 우리 삶의 목적은 곧 '우리가' 삶에 부여하는 목적이다. 이것이 맞다면 우리는 저마다 커다란 책임을 지고 있는 셈이다. 여러분은 무의미한 삶을 선택할 수도 있고 의미 있는 삶을 선택할 수도 있다. 어떤 삶을 사느냐는 여러분한테 달려 있다.

알쏭달쏭 용어들

가상 사물(virtual object) : 가상 환경 속에 있는 사물.

가상 현실(virtual reality) : 컴퓨터가 만들어낸 현실. 이를테면 많은 컴퓨터 게임에서 볼 수 있는 진짜 같은 현실들.

가상 환경(virtual environment) : 가상 현실에 나타난 환경.

개인의 동일성(personal identity) : 개인의 동일성이라는 철학 문제는 한 살짜리 아기를 나이 든 할머니와 똑같은 사람으로 만드는 것은 무엇인가를 설명하는 것이다.

과학(science) : 관찰과 실험을 통해 얻어지는 지식 체계.

관찰(observation) : 사람은 오감, 즉 시각, 청각, 촉각, 미각, 후각을 통해 관찰을 한다.

근거(reason) : 우리는 뭔가를 믿을 근거가 있다는 얘기를 한다. 여기서 근거란 그 믿음을 뒷받침하고 그 믿음을 좀더 사실에 가깝게 만드는 것을 뜻한다.

뉴런(neurone) : 뉴런은 세포의 한 유형으로, 생김새는 이렇다.
뉴런은 우리 두뇌를 구성하고 있는 물질이다. 사람의 두뇌에는 수많은 뉴런이 복잡한 망처럼 서로 얽혀 있다.

도덕(morality) : 도덕은 옳고 그름, 즉 우리가 해야 할 것과 하지 말아야 할 것과 관계가 있다. 예를 들어 우리들은 대개 다른 사람의 빚을 갚는 것이 옳으며 도둑질은 나쁘다고 믿는다.

물리적 물질(physical matter) : 물질은 원자와 분자로 이루어져 있다. 물질이란 땅콩, 의자, 이 종잇장, 여러분의 몸, 은하 같은 물리적 사물들을 이루고 있는 것이다.

물리적 우주(physical universe) : 우리가 주변에서 관찰하고 과학자들이 관심을 쏟는 우주. 물리적 우주에는 물리적 물질밖에 없다.

물체(physical object) : 물질로 이루어진 사물. 땅콩, 의자, 이 종잇장, 여러분의 몸, 은하 같은 것들.

분자(molecule) : 원자들로 이루어진 작은 알갱이.

비건(vegan) : 극단적인 채식주의자. 동물한테서 나온 건 절대 먹고 쓰지 않는 사람.

빅 뱅(Big Bang) : 과학자들 사이에서 물리적 우주의 시작이라고 여겨지는 거대한 폭발.

상식(common sense) : 대부분의 사람들이 분명하다고 생각하는 것.

세포(cell) : 모든 생물체를 이루고 있는 작은 조각. 세포 자체가 생물체인 경우도 있다. 여러분의 몸은 수많은 세포로 이루어져 있다. 모든 세포는 다시 원자와 분자로 이루어진다.

신(God) : 모든 능력을 지니고 모든 것을 알면서 오로지 선하다고 여겨지는 초월적 존재.

신앙(faith) : 신앙이란 어떤 것을 믿을 만한 근거가 거의 없는데도 그걸 믿는 것이다.

아파르트헤이트(Apartheid) : 흔히 한 인종이 다른 인종에 우월감을 느끼고 다른 인종의 사람들을 억압, 격리시키는 제도. 얼마 전까지 남아프리카 공화국에 이 제도가 있었다.

영혼(soul) : 영혼이란 비물리적인 것으로 이루어진 초자연적인 사물이다. 영혼은 물리적 우주의 사물들과 완전히 독립해서 존재할 수 있다. 영혼을 믿는 사람들의 말로는 느끼고 생각하고 의식하고 경험하고 결정하는 모든 것이 여러분 영혼이 하는 일이라고 한다.

오컴의 면도날(Ockham's razor) : 똑같이 그럴 듯한 증거로 뒷받침되는 두 가지 이론을 대할 때에는 항상 좀더 단순한 이론을 선택해야 한다는 철학 원칙.

유물론(materialism) : 오로지 물리적인 사물, 즉 원자와 분자로 만들어진 사물밖에 없다는 이론.

전생에서 팔던 중고차 한대 있었으면…

윤회(reincarnation) : 여러분이 윤회를 믿는다면 사람이 죽은 후 새로운 몸으로 다시 태어날 수 있다고 믿는 것이다. 꼭 사람이 아니라 다른 동물로도 태어난다.

원자(atom) : 아주, 아주 작은 알갱이(이보다 훨씬 더 작은 알갱이도 있다. 원자는 이들 알갱이로 되어 있다). 원자가 짝지어 모이면 분자가 된다. 예를 들어 물 분자는 두 개의 수소 원자와 한 개의 산소 원자로 이루어진다. 원자는 모든 물리적 사물(땅콩, 의자, 산, 은하 등등)을 구성하는 기본 요소이다.

은하(galaxy) : 거대한 별 무리. 우리 은하에는 수많은 별들이 있다.

자연선택(natural selection) : 진화를 일으키는 과정. 자연선택에 관한 설명은 제8장을 보도록.

정신(mind) : 여러분이 의식을 가지고, 생각하고 느끼고 경험하고 결정하는 등등을 할 수 있다면 여러분은 정신을 지니고 있다(하지만 정신을 지닌 모든 것이 이런 특성들을 한꺼번에 지니는 건 아니다. 한 예로 정신은 무의식적일 수도 있다).

증거(evidence) : 어떤 믿음을 뒷받침하는 정보. 이를테면 우리가 이 오두막집에 사람이 산다고 믿는다면⋯

⋯ 굴뚝에서 연기가 나온다는 정보가 우리의 믿음이 사실일 가능성을 높여준다.

지식(knowledge) : 여러분이 어떤 것을 믿는다고 그걸 안다고 할 수는 없다. 여러분의 믿음은 참이어야 한다. 그러나 그것으로도 충분하지 않다. 많은 철학자들의 말에 따르면 참인 믿음이 지식이 되려면 여러분의 믿음이 참이라고 생각할 상당한 근거가 있어야 한다.

진화(evolution) : 종은 진화한다.

즉 여러 세대를 거치면서 서서히 변화하며 환경에 적응해간다.

질적 동일성과 수적 동일성(sameness – qualitative and numerical) : '똑같은 강에 두 번 뛰어들 수 있을까?' 에서 두 가지 동일성이 나왔었다. 질적인 것과 수적인 것. 두 사물이 지닌 성질이 전부 똑같다면 그 두 사물은 질적으로 동일하다. 두 사물이 똑같은 하나의 사물이라면 수적으로 동일하다.

채식주의자(vegetarian) : 고기를 먹지 않는 사람.

천국(Heaven) : 아름다우며 초자연적인 곳. 여러 종교에 따르면 우리는 죽어서 이곳에 간다고 한다(적어도 착하게 살았다면).

철학(philosophy) : '철학이란 무엇인가?' 하는 질문은 그 자체가 철학적인 질문이다. 철학이 무엇인지에 대해선 철학자들도 의견이 분분하다. 이 책에서는 철학자들이 매달리는 문제 중 몇 가지 예를 제시함으로써 여러분한테 철학이 무엇인지 감을 주려고 했다.

초자연적(supernatural) : 자연적, 물리적 우주에 속하지 않는.

추론(reason) : 여러분과 나는 모두 추론할 수 있다. 그러니까 생각을 통해 뭔가를 알아낼 수 있다는 얘기다.

특성(property) : 사물에는 특성이 있다. 이를테면 내 책상이란 사물이 지닌 특성은 이런 것들이다. 나무로 만들어졌으며 갈색이고 무게는 15킬로그램이다. 속성, 성질, 특질이라는 말들과 사촌 관계이다.

항성(star) : 하늘에서 빛나는 거대한 물체. 우리와 가장 가까운 항성은 태양이다. 항성들이 무리지어 모인 것이 은하이다.

항성

행성

행성(planet) : 행성은 항성 주변을 도는 커다란 물체다. 항성과는 달리 행성은 스스로 빛을 내지 못한다. 지구는 물론 행성이지.

회의론(skepticism) : 회의론자들은 우리가 안다고 생각하는 것들을 사실은 알지 못한다고 주장한다. 예를 들어 외부 세계에 대한 회의론자는 이렇게 말한다. 여러분한테는 주변 세계에 대한 지식이 전혀 없다고.